KB180387

불혹의
문장들

불혹의
문장들

마음이 어지러울 때 읽는,
2500년 동양 사상의 정수들

사토 잇사이 지음 노만수 엮고 옮김

알렙

불혹부터 40년 동안 한 땀 한 땀 새긴 잠언

마흔, 남성적 아포리즘의 절창을 토해내다

불혹不惑이란? 어느 시인의 시구대로, 머리가 가슴을 따라주지 못하고 손발도 가슴을 배신하고, 확고부동한 깃대보다 흔들리는 깃발이 더 살갑고…… 모자란 나를 살 뿐인, 어슴푸레한 오후일까?

아니면 꽃·나무·바다·하늘·애인·햇살 같은 희망적인 어휘는 버리고, 침묵·허무·술잔·절망·이별·권태 같은 쓸쓸한 어휘에 익숙해지고…… 양심을 탓하지 말고, 빈 주머니를 탓하지 말고 가급적 큰 소리로 웃는 마흔 즈음일까?

그리하여 이 무렵부터는 참말로 미혹되지 아니할까? 공자의 『논어論語』를 읽어야 할 시간이 늘어나면 정말로 불혹이 되는 것일까? 공자는 『논어』 「위정爲政」편에서 "사십이불혹四十而不惑"이라고 말했다. 우리나라에서는 "마흔에는 미혹되지 않았고" "마혼 살에 헷갈리지 않았다" 등으로 번역한다. 영어권에서는 "I was free from delusions^{더 이상 망상이 없다}." "I was no longer doubtful^{더 이상 의심이 없다}." "I no longer suffered from perplexities^{더 이상 미혹 때문에 괴로워하지 않다}." "I was free from temptations^{유혹에서 자유롭다}." 등으로 번역한다.

그 미혹^{망상 혹은 유혹}이 지적인 것이든 도덕적인 것이든, 독자들은 각자가 맘에 드는 번역이 있을 터이다. 또 『논어』「술이^{述而}」편에 "공자는 괴이한 일, 완력으로 하는 일, 어지럽히는 일, 귀신에 관한 일을 말하지 않았다^{子不語怪力亂神}."는 대목이 나오는 걸로 보아, 공자는 괴력난신에 미혹되지 않는다는 맥락에서 불혹을 언급했을지도 모른다. 하여튼 불혹은 인간적으로 성숙해지는 시기라는 의미일 터다.

『불혹의 문장들』은 '백세^{百世}의 홍유^{鴻儒}' 사토 잇사이^{佐藤一齊, 1772~1859}가 불혹 무렵부터 82세 때까지 무려 40년 동안 수신·제가·치국·평천하의 도리를, 흡사 자수를 한 땀 한 땀 놓듯이 기록한 말^言과 뜻^志들이다. 저자의 이 필생의 역작^{lifework}은 일본에서 200년이라는 세월의 더께를 걷어내며 '불혹'하고 싶은 이라면 누구나 책상머리에 꽂아두고 좌우명으로 삼는 초장기 스테디셀러이자, 최강의 자기경영 수신서가 되었다.

저자는 "마흔 살이 지나면서 처음으로 시간이 아깝다는 것을 알고" "마흔이 넘으면 점차 나이가 들어감을 느끼나" "마흔 살부터 육십 세까지는 한낮의 태양과 같으니 덕을 쌓고 큰일을 이루는 시절"이라고 한다. 그래서였을까? 그는 불혹이 오자, 하루가 멀다 하며 어느 정도 살아낸 사람만이 통찰할 수 있는 '짧은 말, 큰 뜻言志' 1133조條를 종이에 새겨나갔다. 퇴계 이황이 58세에 인생 체험의 지혜가 우러나오는 『자성록』을 썼듯이, 사토 잇사이도 『언지록』은 52세1824년, 『언지후록』은 66세1837년, 『언지만록』은 78세1850년, 『언지질록』은 80세1854년 때 원고를 완성하였다. 이 네 권을 합쳐 『언지사록』이라고 하고, 일반적으로 『언지록』이라고도 부른다.

『불혹의 문장들』은 원전 『언지록』을 독자들이 체계적으로 감상할 수 있도록, 차례를 다음처럼 '주제'별로 다시 엮어 올렸다. 1장 〈뜻은 스승에게도 양보하지 말라: 뜻과 말에 관하여〉, 2장 〈인생의 곱셈과 나눗셈: 순경과 역경에 관하여〉, 3장 〈참된 나는 영원불멸하다: 마음의 본성에 관하여〉, 4장 〈구사삼성九思三省: 마음 닦음에 관하여〉, 5장 〈배움은 평생 지고 가야 할 짐이다: 학문에 관하여〉, 6장 〈원수는 물에 새기고, 은혜는 돌에 새겨라: 치기와 치인〉, 7장 〈쓸모없음의 쓸모: 봄바람과 가을서리의 처세술〉, 8장 〈마흔이 지나서야 세월의 아까움을 안다: 삶과 죽음, 늙음에 관하여〉 등이다.

일본 수필 어록의 백미

'불혹의 문장들'은 '논어의 말'처럼 평범한 소리지만 헛소리가 없다. 인생의 보편적 원칙을 쉬운 말로 써놓았다. 단순하게 머리로만 쓴 관념적인 수상록이 아니다. 조선에는 『자성록』, 로마에는 『명상록』마르쿠스 아우렐리우스과 『고백록』아우구스티누스, 중국에는 『채근담』, 프랑스에는 『팡세』파스칼와 『수상록』루소과 『고백록』몽테뉴, 독일에는 『인생론』쇼펜하우어과 『차라투스트라는 이렇게 말했다』니체, 러시아에서는 『참회록』톨스토이이 있었고, 일본에는 바로 이 『언지록』이 있었던 것이다!

'일본 한문체 수필 어록의 백미'라는 칭송을 듣는 『언지록』은 간단명료하고 진솔하다. 시 같은 짧은 아포리즘에는 사람의 폐부를 찌르는 깊은 뜻이 있어, 뭇사람의 심금을 울리고 여운도 깊다. 이른바 잠언이란, 교훈을 주는 아주 짧은 말이다. 격언이라고 해도 좋다. 니체는 『차라투스트라는 이렇게 말했다』에 적었다. "온갖 종류의 글에서 나는 피로 쓴 글만을 사랑한다. 피로 쓴 잠언은 단순하게 읽혀야만 하는 게 아니라 암송되어야 한다."라고. 이렇듯 속담이나 잠언집이 탄생하는 배경에는 인류의 엄청난 경험과 지혜가 축적돼야 하고, 한 저자의 대량의 사고가 밑거름이 되어야만 한다.

공주사왕公主私王 즉 공적으로는 주자학을 신봉하고 사적으로는 양명학을 추구하는 입장이던 저자는 유학의 경서들뿐만 아니라 "마음 밖에는 사물이 없다心外无物"고 한 왕양명의 유심주의唯心主義 철학에 바탕을 둔 잠언을 많이 썼다. 이는 카를 구스타프 융의 심리학이 찾는 최종 목적지인 개성화individuation 즉 '내면의 참된 자아 찾기'와도 일맥상통한다. 주변의 집단적인 흐름에 동조하기보다 '참된 자신의 마음바탕'이 무엇을 원하는지에 따라 가치 있는 인생을 살라는 말에 다름 아니다. 소크라테스의 어투를 빌리자면 "너 자신을 단도리할 줄 알라!"는 말일 테다. 이런 맥락에서 이 책은 "모든 이를 위한, 그러나 그 누구의 것도 아닌 인문학적 자기계발서"이다.

생사 · 우주 · 정치 · 충효 · 학문 · 인생 · 인간 · 문학 · 도덕 · 치세 · 경영 · 수양 · 교육 · 직업 · 대인관계 · 리더의 조건 등등에 관한 보편타당한 지침이 가득한 이 책 전체를 굳이 처음부터 읽을 필요도 없고, 후드득 읽으면서 마음에 드는 조항부터 실천하다 보면 찰나일지라도 미혹에 수십 번씩 흔들리기를 되풀이하는 우리의 구부러진 영혼의 오솔길에 든든한 길동무가 생겼다는 것을 느낄 수 있으리라. 아울러 처세 즉 '어떻게 살 것인가'라는 문제는, 지금-여기를 살아가는 인간이라면 누구나 깊이 자맥질하고 있는 삶의 본질일 것이다. 아무쪼록 저자가 미혹을 떨쳐버리려고 벼린 '불혹의 문장들'이 독자들의 일상생활에서 '정신의 균형 감각'을 길러주는 마음의 불침번이나 워낭소리

역할을 해주길 바란다.

"순경順境은 봄에 피는 꽃과 같고, 역경逆境은 겨울 눈과 같지만 봄과 겨울은 각기 제 맛이 있다."라는 저자의 문장대로, 삶이란 마음바탕에 따라 천 번을 흔들리다 멈춰야 비로소 그 울림을 느낄 수 있는 불혹의 풍경風磬이 아닐까. 절집의 처마 밑, 풍경의 추 밑에 붕어 모양의 쇳조각을 달아놓는 까닭은 물고기가 잠잘 때도 눈을 감지 않는 것처럼 우리는 언제나 깨어 있어야 한다는 뜻이라고 한다. 불혹도 바람欲望이 부는 대로 흔들릴지언정 맑은 소리를 내는 풍경일 터다!

2013년 봄날
엮고옮긴이

일러두기

1. 이 책은 고단샤(講談社)에서 간행한 사토 잇사이(佐藤一齊)의 『言志四錄』(川上正光 全譯注, 講談社, 1979)과 『座右版 言志四錄』(久須本文雄 全譯注, 講談社, 1994)을 저본으로 삼아 번역한 최초의 한국어판 역서인 『언지록』(2012, 알렙 펴냄)의 편집본이다. 체계적인 독서와 감상을 위해, 원서의 체제를 재구성하고 주제에 따라 그 정수만을 가려 뽑았다.

2. 번역의 원칙은 원문에 충실한 직역을 위주로 했다. 하지만 독자의 이해를 돕기 위해 원문의 뜻을 최대한 살리고 그것을 훼손하지 않는 범위 내에서 우리말로 의역을 하기도 했다.

3. 각 조항의 소제목과 부가 설명(습유拾遺)은 독자의 이해를 돕기 위해 옮긴이가 붙인 것이다. 조항의 번호는 원문의 순서에 따른 것이다.

차례

1장

—

뜻은 스승에게도 양보하지 말라:

말과 뜻에 관하여

뜻이 있으면
아무리 하찮은 일에서라도 배운다

견고하게 뜻을 세우고 이를 달성하고자 하면 설령 땔감과 물을 나르는 일을 할지라도 거기에 배움의 도가 있다. 하물며 독서라든지 사물의 이치를 궁구하는 일은 더욱더 그러할 것이다. 그러나 뜻을 세우지 않고 하루 종일 독서를 할라손 치면 도리어 그것은 단지 한가한 소일거리에 지나지 않는다. 그런 고로 학문을 함에는 '뜻을 세우는' 입지立志보다 더 우선하는 게 없다. 〔언지록 32조〕

〔拾遺〕『후한서後漢書』에서는 "뜻을 세운 사람만이 결국 이룬다"라고 했습니다. 이렇게 입지立志야말로 모든 일의 시작입니다. 시바 료타로司馬遼太郎는 나가오카 번長岡藩, 지금의 니가타 현의 가로로 메이지 유신 지사였던 가와이 쓰구노스케河井継之助, 1827-1868년의 생애를 다룬 소설 『언덕峠』에서 다음과 같이 말했습니다.

"그 뜻의 높음과 낮음에 따라 남자의 가치는 정해진다. …… 뜻은 소금처럼 물에 녹기 쉽다. 남자의 생애. 그 맛의 쓰고 떫음은 높은 뜻을 기어이 지키는가, 마는가에 달려 있다. 그 뜻을 끝까지 지키는 노력은 특별한 것에만 있지 않고 일상다반사인 자기 규율에 있다. 젓가락질, 술버릇, 놀이, 농담 등 모든 것에서 그 뜻을 단단하게 지키기 위한 노력을 게을리 하지 않으면 안 된다."

왕양명은 또 입지에 관해 이렇게 말했습니다.

"배움에 입지보다 앞선 것은 없다."

"뜻을 세우지 않으면 천하에 되는 일이란 없다."

"뜻을 세우지 않으면 키 없는 배나 재갈 물리지 않은 말처럼 제멋대로 표랑하고 질주하다 결국에는 그 어떤 밑바닥에 처박힐 것이다."

제갈량이 호로곡에서 사마중달과 그의 아들들을 몰아넣고 화공을 펼쳤습니다. 그런데 공교롭게도 때마침 쏟아지는 폭우로 계획이 수포로 돌아갔지요. 그러자 제갈량은 이렇게 탄식했습니다. "일을 꾀하는 것은 사람이로되 그걸 이루는 것은 하늘에 달렸구나謀事在人, 成事在天." 과연 뜻을 세우고 이를 이루는 것은 인간의 의지일까요? 하늘의 뜻일까요?

훌륭한 말은 마음의 침鍼이다

잠언이라는 것은 마음의 병을 고치기 위해서 찌르는 침과 같다.
마음에 사념이 조금이라도 생기면 곧바로 잠언의 침을 찌르는
것이 좋다. 사념이 점차로 심해지면 침으로 찔러도 효과는 적을
것이다. 나는 침을 좋아해 몸 상태가 조금이라도 좋지 않을 때
에는 조속히 가슴 아래에 수십 개의 침을 놓는다. 병이 들기 전
에 낫고 만다. 이것으로 잠언이라는 침의 효능을 알 수 있었다.

[언지후록 91조]

시는 뜻을 말하는 것이다

　시라고 하는 것은 각자의 뜻^{사상}을 표현하는 데 있다. 초나라의 우국시인 굴원^{屈原}의 「이소^{離騷}」와 유유자적한 생활을 노래한 도연명^{陶淵明}의 시는 특별히 그들의 뜻을 썼다고 할 수 있다. 그러나 요즘의 시인은 시와 뜻이 완전히 상반되어 따로따로이다. 이것을 어찌해야 좋을까? 〔언지후록 208조〕

　〔拾遺〕『서경』「순전^{舜典}」에서는 "시는 뜻을 읊는 것이요, 노래는 말을 길게 늘이는 것이다^{詩言志, 歌永言}"라고 하였다. 『시경』「대서^{大序}」는 "시란 뜻이 가는 데 있고, 마음이 뜻이 되고, 말로 나와 시가 된다^{詩者, 志之所之也, 在心爲志, 發言爲詩}"라고 하였다.

뜻은 스승에게도 양보하지 말라

세상의 여러 가지 일은 모두 겸손한 자세로 양보할 필요가 있다. 그러나 오로지 뜻만은 스승에게라도 양보하지 않아도 좋다. 또 옛사람에게 양보하지 않아도 좋다. 〔언지만록 219조〕

〔拾遺〕 공자는 『논어』「위령공」편 제35장에서 이렇게 말하였습니다.

"인을 행함에는 스승께도 양보하지 않는다當仁不讓于師."

입지의 큰 뜻은 세속에 반해도 좋다

일상의 작은 일은 세간의 풍속에 어긋나지 않도록 하는 게 좋다. 그러나 자신의 뜻을 세워 마음을 견고하게 먹고 노력을 하는 경우에는 세속에 반해도 좋다. [언지만록 248조]

큰 지혜는 후세까지 남을 계획을
분명하게 세운다

　잔재주를 부리는 사람은 남을 수용하지 않으며 남의 의견을 막지만, 큰 재주를 가진 사람은 남의 의견을 잘 들으며 포용할 줄 안다. 작은 지혜는 한때 빛나는 일이 있지만, 큰 지혜는 후세까지 남을 계획을 분명하게 세운다. 〔언지만록 249조〕

사람은 반드시 항심이 있어야
사람 노릇을 할 수가 있다

『논어』「자로」편 제22장에 "사람이 항심恒心, 일정한 마음이 없으면, 무당이나 의사처럼 천한 노릇도 할 수가 없다"는 말이 나온다. 그런데 나는 옛날에 이 말을 의심하여 의사는 항심이 있어도 의술이 없으면 여하튼 의사로서의 자격이 없다고 생각했다. 그런데 그 후에는 "항심이 있어야만 자신의 맡은 바 일에 열심이고 기술도 반드시 정통하기 마련이다. 고로 의사도 항심이 없으면 안 된다"라는 생각이 들었다. 〔언지만록 270조〕

동기와 목적 그리고 뜻을 높게 하라

무릇 배움을 시작할 때 반드시 훌륭한 사람이 되고자 하는 뜻을 세운 연후에 책을 읽어야만 한다. 그렇지 않으면 단지 쓸데없이 견문을 넓히고 지식을 쌓아 오만해지거나 나쁜 일을 숨기는 재주에만 뛰어날 우려가 있다. 이른바 "도적에게 무기를 빌려주고 도둑에게 식량을 대주는" 꼴이 되니 실로 걱정을 아니 할 수 없다. 〔언지질록 14조〕

〔拾遺〕 사마천 『사기』 「이사열전」에 진시황이 외국의 빈객들을 내쫓으려고 하자 초나라 출신인 이사가 이에 반대하는 상소인 「간축객서諫逐客書」를 올립니다. 바로 그 글에 "도적에게 군사를 빌려주고 도둑에게 식량을 대주는 것借寇兵而賫盜糧"이란 말이 나옵니다. 유능한 선비를 단지 외국인이라고 해서 등용하지 않고 내쫓는 것은 "다른 나라"를 이롭게 하는 짓일 뿐이라는 것이지요.

학문을 하려는 자는 스스로 부싯돌을 치고 스스로 우물을 파라

학문에 뜻을 두고 인격을 연마하려고 하는 자는 오로지 자기 자신만을 의지해야 한다는 각오를 하지 않으면 안 된다. 타인의 열에 의지해 따뜻해지려고 하지 말라. 『회남자淮南子』에 "불을 남에게 구걸하는 것보다 스스로 부싯돌을 치고 불을 내는 것이 더 좋다. 남의 우물에서 물을 긷는 것보다 스스로 우물을 파는 것이 더 좋다"라고 쓰여 있다. 이것은 자기 자신에게 의지하라는 말이다. 〔언지질록 17조〕

'입立' 자의 세 가지 함의

입지立志의 '입立' 자는 수립竪立: 곧게 섬, 표치標置: 기품을 높이 가짐, 부동不動: 견고하게 움직이지 않음, 이 세 가지의 의미를 함께 품고 있다. 즉 입지란 뜻을 곧게 세워 그 뜻으로 기품을 높이 세우고 흔들리지 않는 부동의 마음으로 뜻을 펼치는 것이다. 〔언지질록 22조〕

수오지심羞惡志心으로부터 입지를 시작하라

　입지를 궁리함에는 반드시 우선은 자신의 불선을 부끄럽게 생각하고 남의 불선을 미워하는 마음에서 출발하지 않으면 안 된다. 부끄럽지 않은 것을 부끄럽게 생각하지 말라. 또한 부끄러운 것을 부끄럽지 않다고도 생각하지 말라. 맹자는 『맹자』「진심상」편에서 "사람은 부끄러워하는 마음이 없어서는 안 된다. 부끄러워하는 마음이 없음을 부끄럽게 생각한다면 진정 부끄러워할 것이 없게 될 것이다人不可以無恥. 無恥之恥. 無恥矣"라고 말하였다. 입지는 이렇게 출발하여야 한다. 〔언지질록 23조〕

뜻은 크게 세우고 노력은 세밀하게 하라

배움에 뜻을 둔 자는, 뜻은 크게 세우고 노력은 죄다 세밀해야 한다. 작은 일도 여하튼 큰일의 시작이 되거나 계기가 되지 않은가. 『역경』「계사전繫辭傳」에서 "복復은 작되 사물을 변별한다"라고 한 것, 다시 말해 "복復은 뉘우쳐 바른 길로 되돌아가는 것이요, 과실이 적을 때 사물의 도리를 알아채는 것이다"라는 말이다. (언지질록 27조)

말의 법칙

말의 도는 반드시 말이 많고 적음을 따지지 않는다. 단지 말하는 때와 장소가 경우에 맞는가 하는 것만을 따진다. 만약에 그렇다면 남들은 그 말을 싫어하지 않는다. [언지질록 192조]

〔拾遺〕『태평어람太平御覽』은 "두꺼비가 밤낮을 가리지 않고 시끄럽게 울어대지만 아무도 이것을 듣고 즐기는 사람이 없다"라고 하였습니다. 말이 너무 많다고 이로운 것은 아니란 말이지요.

말수가 적다고
반드시 덕이 있는 것은 아니다

덕이 있는 사람은 말수가 적으나 말수가 적다고 반드시 덕이 있는 사람은 아니다. 재능이 있는 사람은 말수가 많으나 말수가 많다고 반드시 재능이 있는 것은 아니다. 〔언지질록 197조〕

〔拾遺〕『논어』「헌문」편 제5장에서 공자는 이렇게 말하였습니다.

"덕이 있는 사람은 바른 말을 하나 바른 말을 하는 사람이라고 반드시 덕이 있는 것은 아니다. 어진 사람은 반드시 용기를 가지고 있지만 용감하다고 반드시 어진 것은 아니다 有德者, 必有言. 有言者, 不必 有德. 仁者, 必有勇. 勇者, 不必有仁."

몸은 죽지만 뜻과 일은 죽지 않고
자손도 영원하다

사람이 백 살 때까지 수명을 유지하는 것은 어렵다. 단지 뜻
만은 영원히 썩지 않을 것이고, 뜻이 영원히 썩지 않으면 일도
영원히 썩지 않는다. 일이 영원히 썩지 않으면 그 이름도 영원
히 썩지 않을 것이고, 이름이 영원히 썩지 않으면 대대의 자손
도 또한 영원할 것이다. [언지질록 228조]

당대에 뜻을 이루지 못하면 책으로 남겨라

옛날의 현자들은 당대에 자신의 뜻을 이루지 못해 실의에 빠지면 책을 쓰면서 스스로 즐거워할 줄 알았다. 그 사람이 살던 시대에는 불행했을지도 모르지만 후세인의 입장에서 보면 그 사람은 특별히 행복하지도 불행하지도 않았다. 고금에 이러한 종류의 사람들이 적지 않다. [언지질록 231조]

2장

—

인생의
곱셈과 나눗셈:

순경과 역경에 관하여

부귀는 봄과 여름,
빈천은 가을과 겨울과 같다

부귀는 가령 봄과 여름과 같아 사람의 마음을 녹여 게으르게 한다. 빈천은 가령 가을과 겨울과 같아 사람의 마음을 다잡아 긴장하게 한다. 그래서 사람은 부귀하면 그 뜻이 박약해지고, 빈천의 역경에 처하면 그 뜻을 견고하게 한다. [언지록 41조]

〔拾遺〕 "부는 젊은이에게 재앙이고, 가난은 젊은이에게 행운이다." 가난한 청년에서 미국의 대부호가 된 카네기의 『부의 복음』에 있는 말입니다. 그는 만약 자신이 부유한 청년 시절을 보냈다면 대부호가 되지 못했을 거라고 고백하고 있지요. 에도 시대 유학자인 구마자와 반잔熊澤蕃山, 1619-1691년은 그의 『집의화서集義和書』에서 "가난은 세계적인 복福의 신"이라고 말했습니다. 가난도 낮은 신분도 발분의 재료가 되면 사실 그것은 '복의 신'에 다름 아니라는 말일 것입니다. 순조로울 때 자중하고 역경이 닥칠 때 인내해야 합니다. 역경이야말로 인간적인 성장을 하게 하는 거름일 테니까요.

기다리면 맑아진다

'수需' 자는 '비오는 하늘雨天'을 뜻한다. 비가 올 때에는 기다리면 개이지만 기다리지 않으면 젖어버린다. 〔분카文化 13년1816년 정월, 사토 잇사이 45세에 쓰다〕〔언지록 129조〕

〔拾遺〕 일본 속담에 "기다리면 단비가 내리고待てば甘露の日和あり", 또한 "기다리면 바닷길이 갠다待ては海路の日和あり"라고 했습니다. 초조해하지 않고 참고 기다리면 머지않아 좋은 날이 온다는 뜻으로 "쥐구멍에도 볕들 날이 있다"라는 말일 것입니다.

곤란할 때도 자신을 잃지 말고
인생을 즐겁게 보낼 줄 알라

사람이 일생 동안 마주치는 일을 길에 빗대면 험난한 곳도 있고 평탄한 곳도 있고, 수로에 빗대면 부드러운 흐름도 있고 놀라운 파란도 있다. 이것은 자연적인 운명으로 어찌해도 피할 수가 없다. 이것이 역易에서 말하는 도리이다. 따라서 사람은 자신이 처한 곳에 만족하며 이러한 변화를 즐기는 게 좋다. 만약 이를 성급하게 피하려고 한다면 결코 달인의 견식이 아니다. 〔언지후록 25조〕

〔拾遺〕『채근담』에는 이런 말이 있습니다.

"마음이 흔들리면 활 그림자도 뱀으로 보이고 쓰러진 돌도 엎드린 호랑이로 보이니, 이 속에는 모두 살기뿐이다. 생각이 가라앉으면 석호도 바다갈매기처럼 되고 개구리 소리도 음악으로 들리니, 가는 곳마다 모두 참된 작용을 보게 되리라機動的, 弓影疑爲蛇蝎, 寢石視爲伏虎, 此中渾是殺氣. 念息的, 石虎可作海鷗, 蛙聲可當鼓吹, 觸處俱見眞機."

진보할 때 퇴보를 잊어버리면 흉조다

사람은 진보를 할 때 퇴보를 잊지 않으면 실패하지 않는다. 『역경』「임괘臨卦」에 이르기를, "큰 제사를 거행한다. 이롭다는 점이나, 팔월에 이르면 흉하다元亨. 利貞. 至于八月有凶"라고 하였다. 팔월은 양기가 충만한 태양의 달이지만 그 안에 스스로 음기를 낳아 흉한 징조라는 것이다. 때문에 나아갈 때 물러서는 것을 잊어버리면 흉조에 빠져 실패를 한다는 말이다. [언지후록 59조]

〔拾遺〕『채근담』에 이런 말이 있습니다.

"나아가는 곳에서 문득 물러날 것을 생각한다면 거의 울타리에 걸리는 재앙을 면할 수 있고, 손을 댈 때에 먼저 손을 놓을 것을 도모하면 곧 호랑이를 타는 위험에서 벗어날 수 있으리라進步處. 便思退步, 庶免觸藩之禍. 著手時, 先圖放手, 纔脫騎虎之危."

봄은 봄대로 겨울은 겨울대로의 맛이 있다

생각대로 되는 순경順境의 때는 흡사 봄과 같아 뜰에 나가 꽃을 보면 알 수 있다. 실의에 빠져 낙담하는 역경逆境의 때는 마치 겨울과 같아 집에 틀어박혀 눈을 지켜보면 알 수 있다. 봄은 물론 즐겁지만 겨울 역시 나쁘지만은 않다. 〔언지후록 86조〕

〔拾遺〕『채근담』에 이런 말이 있습니다.

"어려움에 처해 있을 때는 내 몸 주위를 둘러싸고 있는 모든 것이 자신을 이롭게 하여 약이 되고 침鍼이 되어 나의 행실과 의지를 북돋우며 인격을 기르게 하지만 사람들은 미처 깨닫지 못하고, 일이 순조로울 때는 눈앞에 있는 모든 것이 안일과 사치와 방탕 등 무서운 칼날이 되어 기름을 녹이고 뼈를 깎아 몸을 파멸시키지만 사람들은 이것을 깨닫지 못한다居逆境中, 周身皆鍼 藥石, 砥節礪行而不覺. 處順境內, 眼前盡兵刃戈矛, 銷膏磨骨而不知."

인생의 곱셈과 나눗셈

곱셈과 나눗셈은 한 가지의 이치가 있다. 행복은 곱셈과 같은 것이어야 하고, 간난신고는 나눗셈 같은 것이어야 한다는 것이다. 곱하며 나누고, 나누며 곱하면 원래의 수로 돌아가 행복도 없고 간난신고도 없다. 때문에 곱셈과 나눗셈은 인간의 영고성쇠의 발자취 같은 것이다. [언지후록 162조]

인정은 물과 같다

인정은 마치 물과 같으므로, 그 인정의 물을 평온하게 흐르게 하는 게 가장 좋다. 만약 그렇지 않고 인정의 물을 격하고 노하게 한다든지, 막아서 멈추게 한다든지 하면 별안간 성나고 미친 파도가 휘감아 몰아칠 것이다. 그런데도 인정의 물을 두려워할 만하지 않은가. 〔언지후록 169조〕

화라고 생각되는 데서 복이 나온다

운명에 작은 성쇠가 있으면 큰 성쇠도 있기 마련이다. 그 사이에 화禍와 복福은 서로 인연이 되어 일어나고 가라앉는 게 흡사 바닷물에 작은 파도가 치다가 큰 파도가 치는 것과 같다. 무릇 천지간의 일은 운명으로부터 벗어날 수가 없다. 이것이 바로 살아 움직이는 '역易'이다. 〔언지후록 180조〕

〔拾遺〕 노자의 『도덕경道德經』 제58장은 이렇습니다.

"정치가 맹맹하면 백성이 순박해지고, 정치가 똑똑하면 백성이 못 되게 됩니다. 화라고 생각되는 데서 복이 나오고 복이라 생각되는 데 화가 숨어 있습니다. 누가 그 끝을 알 수 있겠습니까? 절대적으로 옳은 것은 없습니다. 올바름이 변하여 이상한 것이 되고, 선한 것이 변하여 사악한 것이 됩니다. 사람이 미혹되어도 실로 한참입니다. 그러므로 성인은 모가 있으나 다치게 하지는 않고 예리하나 잘라내지는 않고 곧으나 너무 뻗지는 않고 빛나나 눈부시게 하지는 않습니다."

화는 복에 의지해 있고,
복은 화가 엎드려 있는 것이다

이 우주 간에는 하나의 기가 끊임없이 순환하고 있다. 먼저 열린 것은 나중에 반드시 결합하고, 오랫동안 지속된 것은 반드시 변화하고, 억제하면 반드시 올라가고, 막히면 반드시 통하게 된다. 이처럼 우주 간의 기는 반드시 흥하거나 쇠하는데, 『노자^{老子}』에서 "화는 복에 의지해 있고, 복은 화가 엎드려 있다 禍兮福之所倚 福兮禍之所伏"라고 한 것과 마찬가지로 기복을 반복하고 있다. 이것은 마치 한 편의 좋은 문장과 같다. [언지만록 54조]

사물은 반드시 상대적이다

천지간의 일은 단순하지 않고 반드시 상대적이다. 각각 서로 상대적으로 서로를 견고하게 받쳐주고 있다. 좋은 상대도 나쁜 상대도 서로 각각의 도움을 주고 있다. 이 이치를 잘 궁리해 보아야만 한다. 〔언지만록 112조〕

〔拾遺〕『장자』의 「제물론」에 나오는 다음 글을 읽어보면 미와 추, 선과 악, 참과 거짓 등에 대한 사람의 인식은 절대적으로 신뢰할 만한 것이 아니라, 단지 '상대적인 견해'에 불과함을 알 수가 있습니다.

"암원숭이는 긴팔원숭이가 짝으로 삼고, 순록은 사슴과 교배하며, 미꾸라지는 물고기와 논다. 여희는 사람마다 미인이라고 하지만, 물고기는 그를 보면 물속 깊이 숨고, 새는 그를 보면 하늘 높이 날아오르며, 순록은 그를 보면 기운껏 달아난다. 이 넷 중 어느 쪽이 이 세상의 진짜 아름다움을 알고 있을까."

순경 안에 역경이 있고
역경 안에 순경이 있다

사람이 한평생을 살아가면서 순경이 있으면 역경도 있기 마련이다. 이것은 영고성쇠의 자연스러운 법칙으로 조금도 이상스럽지 않다. 나는 또 스스로 고찰해 보았는데, 순경 안에 역경이 있고 역경 안에 순경이 있다. 고로 역경에 처했을 때는 자포자기를 하지 말고 순경에 처했을 때는 나태해지지 말라. 오로지 경敬이라는 글자 하나를 마음속에 지닌 채 순경과 역경을 시종일관 똑같이 대하는 게 좋다. [언지만록 184조]

고난과 조강지처의 공통점

고난이라는 것은 사람의 마음을 다잡아 매 튼튼하게 한다. 따라서 간난신고를 거쳐 온 사람은 사람도 견고하게 사귀어 언제까지나 서로 잊을 수 없도록 한다. 조강지처糟糠之妻를 버리지 못하는 것도 그러한 까닭이다. 〔언지만록 205조〕

〔拾遺〕『후한서』「송홍전宋弘傳」을 보면 다음과 같은 이야기가 나옵니다.

후한 광무제光武帝의 누이동생 호양공주湖陽公主가 청상과부 신세로 적막하게 지내자, 광무제는 마땅한 사람이 있으면 다시 시집을 보낼 생각으로 그녀의 의향을 떠보았습니다. 그러자 그녀는 대사공大司空: 어사대부御史大夫 송홍이라면 시집을 가겠다고 하였지요. 마침 송홍이 공무로 편전에 들어오자, 광무제는 누이를 병풍 뒤에 숨기고 그에게 넌지시 물었습니다.

"속담에 말하기를, 신분이 높아지면 친구를 바꾸고 집이 부유해지면 아내를 바꾼다 하였는데, 그럴 수 있는가?諺曰, 貴易交, 富易妻, 人情乎"

송홍은 서슴지 않고 대답하였지요.

"신은 가난할 때 사귀었던 친구를 잊어서는 안 되고, 지게미와 쌀겨를 먹으며 고생한 아내는 집에서 내보내지 않는다고 들었습니다臣聞, 貧賤之交不可忘, 糟糠之妻不下堂."

이 말을 들은 광무제는 누이가 있는 쪽을 돌아보며 조용한 말로 "일이 틀린 것 같다"라고 말하였답니다.

가난해도 즐길 줄 알라

옷을 얇게 껴입었을망정 추운 척을 하지 말고 먹을거리가 부족할망정 굶주린 척을 하지 말라. 오로지 이는 기상이 강한 사람만이 가능하다. 하지만 이는 성인과 현인이 가난해도 즐길 줄 아는 것과는 다르다. 〔언지만록 241조〕

〔拾遺〕『논어』「학이」편 제15장에서 자공이, "가난해도 아첨하지 않고, 부유해도 교만하지 않으면 어떻겠습니까?"라고 여쭙자 공자가 말하였습니다.

"괜찮겠지. 허나 가난하지만 삶을 즐거워하고, 부유하면서 예를 좋아하는 이만 못하지可也. 未若貧而樂 富而好禮者也."

길함과 흉함은 내 마음 속에 꿈틀대고 있다

사람의 마음이란 본디 '길吉'을 좇고 '흉凶'은 피하고 싶다. 특히 사람의 길흉은 그 사람 행동의 선악이 드러나는 그림자인 줄 모른다. 나는 해가 바뀔 때마다, 다음의 네 구절을 달력에 써놓고 가족의 교훈으로 삼고 있다. "365일은 하루로서 길일이 아닌 날은 없다. 일념발기一念發起하여 선을 행하면 이것으로 길일이다. 365일은 하루로서 흉일이 아닌 날이 없다. 일념발기하여 악을 행하면 이것으로 흉일이다." 즉 마음을 달력으로 삼아야 한다는 것이다. 〔언지만록 252조〕

고통과 즐거움이
서로 기대어 사는 까닭을 알라

힘겨움과 편안함은 형이상학이요, 죽음과 삶은 생명체의 흔적이다. 힘겹게 일하기에 즐겁다. 이를 깨달으면 인생에서 고통과 즐거움이 서로 기대어 사는 까닭을 알 수 있다. 또한 삶과 죽음도 서로에게 의지한다. 이를 깨달으면 천지 만물의 이치를 터득하게 된다. [언지만록 289조]

일이 뜻대로 되지 않는다고 해서
무작정 손을 놓지 말라

자신의 뜻대로 일이 되는 득의는 사실 두려워해야지 기뻐할
게 아니다. 자신의 뜻대로 일이 되지 않는 실의의 때는 도리어
신중해야지 결코 놀라지 말아야 한다. 〔언지질록 32조〕

〔拾遺〕『채근담』에 이런 말이 있습니다.

"은혜를 받고 있는 그 속에서 재앙이 싹트는 것이니 그러므로 만
족스러울 때에는 주위를 되돌아보라. 또한 실패한 뒤에 오히려 성
공이 따르는 수도 있는 것이니 일이 뜻대로 되지 않는다고 해서 무
작정 손을 놓지 말라恩裡, 由來生害. 故 快意時, 須早回頭. 敗後, 或反成功. 故
拂心處, 莫便放手."

득의와 실의의 역설

평상시에 바라는 대로 되는 일이 많고 실망스러운 일이 적으면 그 사람은 진지하게 생각하는 일이 없기 때문에 사리분별이 감소해 간다. 실로 불행이라고 하지 않을 수 없다. 이에 반해 득의의 일이 적고 실의의 일이 많으면 그 사람은 난처한 일을 제거하려고 여러 가지 궁리를 하므로 지혜나 사리분별이 증가한다. 역설적으로 행복이라 할 만하다. [언지질록 33조]

역경과 순경은 자신의 마음속에 있다

나는 세상일에 순경과 역경이라는 두 가지가 있지 않고 그 순경과 역경은 자신의 마음속에 있다고 생각한다. 자신의 마음이 순경이면 남들이 역경이라고 생각하더라도 자신에게는 순경이다. 반대로 자신의 마음이 역경이면 남들이 순경이라고 하더라도 자신에게는 역경이다. 과연 순경은 일정하게 정해진 것일까? 도리에 달통한 자는 늘 도리를 저울로 삼아 일의 경중을 정할 뿐이므로 그 순경과 역경이 안중에 없다. 〔언지질록 133조〕

〔拾遺〕『공자가어』는 "버섯과 난초는 깊은 숲속에서 생겨나 사람이 없어도 향기를 풍긴다芝蘭生於深林, 不以無人而不芳"고 하였습니다. 군자는 역경에 처해도 뜻과 절개를 지닌다는 비유입니다.

물과 불은 서로 다르지만 서로를 돕는다

무릇 사람은 자신과 성격이나 취미가 같은 사람을 좋아하고 자신과 다른 사람은 좋아하지 않지만 나는 도리어 내 자신과 다른 사람을 기꺼이 좋아하고 내 자신과 같은 사람은 좋아하지 않는다. 다른 것은 서로 상반된 것 같지만, 사실 서로 돕는 것은 반드시 서로 다른 것으로 존재하고 있다. 가령 물과 불과 같다. 물은 사물을 낳지만 불은 사물을 소멸시킨다. 만약 물이 사물을 낳지 않는다면 불이 사물을 소멸시킬 수가 없다. 또한 불이 사물을 소멸시키지 않으면 물은 사물을 낳을 수 없다. 인간은 이러한 이치를 깨달아야만 한다. [언지질록 186조]

모든 사물은 변화함을 잊지 말라

무릇 모든 사물은 무거움과 가벼움의 경중輕重이 있고, 허와 실이 있어 여러 가지로 변화를 한다. 이것은 모두 『역경』에 있는 「기제괘既濟卦」와 「미제괘未濟卦」의 형상이다. 성인은 이미 이 두 가지 형상을 이미 우리들에게 가르쳐주었음에도 불구하고 사람들은 그 변화의 묘를 모른다. 반드시 그 변화의 이치를 익혀 깨달아야만 한다. (언지질록 243조)

3장

—

참된 나는 영원불멸하다:

마음의 본성에 관하여

마음은 스스로 옳고 그름을 안다

저울추는 사물의 무거움과 가벼움을 달 수 있지만 그 스스로의 무게는 달 수가 없다. 자尺度는 사물의 길고 짧음을 잴 수 있지만 그 스스로의 길이는 잴 수가 없다. 그런데 사람의 마음은 바깥 사물의 옳고 그름, 착함과 악함을 정할 수가 있고, 게다가 자기 자신의 마음속에 있는 시비선악도 알 수가 있다. 이것이 사람의 마음이 가진 더없이 영묘한 지혜이다. 〔언지록 11조〕

〔拾遺〕『맹자』「양혜왕상梁惠王上」편에 나오는 글귀입니다. 이렇게 옛사람들은 마음에 관해 관심이 참 많았나 봅니다. 특히 선학禪學은 '마음의 연구학'이라 해도 과언이 아니지요. 일본 센고쿠戰國 시대의 영웅 우에스기 겐신上杉謙信의 다음과 같은 가르침도 아주 유명한 마음의 울림입니다. 이 가훈은 일본인들이 가장 존경하는 기업인인 마쓰시타 고노스케松下幸之助가 평생 지키고자 했던 '사업의 마음가짐商賣心得帖'이기도 하지요.

(1) 마음에 물욕이 없으면 몸이 넉넉해진다.

(2) 마음에 교만함이 있으면 애경愛敬의 마음을 잃는다.

(3) 마음에 욕심이 없으면 의리를 지킨다.

(4) 마음에 사욕이 없으면 의심하지 않는다.

(5) 마음에 자만심이 없으면 남을 공경한다.

(6) 마음에 잘못이 없으면 남을 두려워하지 않는다.

(7) 마음에 탐욕이 없으면 남에게 알랑거리지 않는다.

(8) 마음에 분노가 없으면 말이 부드러워진다.

(9) 마음에 참을성이 있으면 일이 원만해진다.

(10) 마음에 어두움이 없으면 고요해진다.

(11) 마음에 용기가 있으면 후회하지 않는다.

(12) 마음에 미혹함이 없으면 남을 탓하지 않는다.

마음은 하늘에서 유래한다

눈을 떠보면 만물은 모두 유래한 곳이 있다. 우리의 몸은 부모가 낳아주었기에 유래한 곳이 있다. 그런데 마음이 유래한 곳은 어디에 있는 것일까. 나는 이렇게 생각한다. 우리의 몸은 가장 우수한 땅의 기로 부모가 모아준 것이다. 마음은 즉 하늘이다. 몸이 완성되면 하늘은 몸에 깃들어 살고, 하늘이 몸에 깃들어 살자 지각관념이 생기고 하늘이 몸을 떠나면 지각관념이 사라진다. 마음이 유래한 곳은 바로 태허太虛: 하늘인 것이다. 〔언지록 97조〕

〔拾遺〕『서경』「태서泰誓」편과 『장자』「달생達生」편은 "천지는 만물의 부모天地, 萬物父母"라고 했습니다.

경敬

마음에 난잡한 생각을 일으키지 않는 것을 경敬이라고 하고, 난잡한 생각이 일어나지 않는 것이 성誠이다. [언지록 154조]

〔拾遺〕경敬은 주자학에서 가장 중요시 하는 덕목으로 '자신에 대해서는 삼가 조심할 줄 알고 남은 공경한다'는 의미입니다. 선종에서는 주일무적主一無適, 마음을 하나로 집중해 다른 것에 마음을 빼앗기지 않음이라고 합니다. 성誠은 『중용』에서 "하늘의 도"라고 할 만큼 유교의 최고 경지로 일컬어집니다. 성은 사람이 애초부터 난잡한 생각을 지니지 않는 것입니다. 무사도武士道에서도 이 성을 최고의 덕으로 치고 있습니다. 성誠이라는 글자는 '말씀 언言'과 '이룰 성成'이 합쳐진 형성문자로 "한번 말하면 꼭 한다"라는 뜻으로 해석할 수 있으니, "무사에게는 두 말이 없다武士に二言ない"라는 말이 생겨났습니다.

사람의 마음은 불과 같다

　사람의 마음은 흡사 불과 같다. 불에 어떤 것을 대면 타오르는 것처럼, 마음에 어떤 것을 대면 형체를 이룬다. 마음에 선이 달라붙지 않으면 즉 착해지지 않는 법이다. 따라서 공자가 "예술의 경지에서 노닐어야 한다遊於藝"라고 한 가르침은 단지 사람의 마음을 선으로 이끌라고 한 것뿐만 아니라 또한 불선을 방지하는 것이기도 하다. 공자가 "장기나 바둑이라도 있지 않은가? 그것이라도 하는 게 안 하는 것보다 낫다"라고 한 것도 이러한 까닭이다. [언지록 192조]

　　〔拾遺〕『논어』,「술이述而」편 제6장에서 공자는 이렇게 말하였습니다. "진리를 추구하는 도에 뜻을 두고, 덕을 지키고, 인에 의지하고, 예술의 경지에서 노닐어야 한다志于道, 據于德, 依于仁, 游于藝."
　　「양화陽貨」편 제22장에서는 또 이렇게 말하였습니다. "하루 종일 배불리 먹고 마음 쓰는 데가 없다면 곤란한 일이다. 장기나 바둑이

라도 있지 않은가? 그것이라도 하는 게 안 하는 것보다 낫다^{飽食終}

日, 無所用心, 難矣哉! 不有博弈者乎, 爲之猶賢乎已."

마음은 하늘이다

인간이 갖추고 있는 본심본성은 영묘하게 빛나기에 많은 도리를 그 마음속에 갖추고 있고, 일들과 사물들이 모조리 이 마음으로부터 나온다. 이렇게 빛나는 마음은 어디에서 얻은 것일까. 자신이 이 세상에 태어나기도 전에 이 마음은 어디에서 나온 것일까. 또 자신이 사망한 이후, 이 마음은 어디에 귀착되는 것일까. 과연 삶과 죽음이라는 것이 있는 것일까. 생각이 여기에까지 이르면 몸이 오싹해질 정도로 두렵다. 자신의 마음이 곧 하늘 그 자체임을 깨닫게 하기 때문이다. [언지록 198조]

마음의 영묘한 빛

한밤중 어두운 방안에서 혼자 앉아 있으면 여러 가지 물체의 움직임이 그쳐버려 형태도 그림자도 전혀 볼 수 없다. 여기서 되돌아 곰곰이 생각해 보면 마음속에 무엇인가 분명하게 비추는 것이 있다. 그것은 마치 하나의 등불이 암실을 비추는 것과 같다. 이것이 바로 우리 마음의 영묘한 빛, 즉 영묘하게 빛나는 마음의 본체라는 것을 깨달을 수가 있다. 『중용』에서 말한 '성명性命' 즉 "하늘이 만물에게 부여해 준 본성天命之謂性"이며, 또 도덕이란 게 바로 이것이다. 옛 성인이 『중용』에서 과불급過不及하지 않은 "중中과 화和를 극진하게 실현하면 천지가 제자리에 서고 만물이 번성하게 될 것이다致中和, 天地位焉, 萬物育焉"라고 한 것도 오로지 이 마음속의 영묘한 빛이 우주에 가득 차 있는 덕분이다.

〔언지록 214조〕

본성으로 돌아가라

남을 연민하는 마음인 측은지심의 도가 지나치면 백성 중에는 애정에 빠져 신세를 망칠 수도 있다. 자신의 불선을 부끄러워하고 남의 불선을 미워하는 수오지심의 도가 지나치면 백성 중에는 도랑 안에서 목을 매어 죽는 사람도 있을 것이다. 남에게 양보하는 사양지심의 도가 지나치면 백성 중에는 도망쳐 달리는 광인과 같은 사람이 나올 것이다. 옳고 그름을 판별하는 시비지심의 도가 지나치면 백성 중에는 형제와 싸움을 벌이거나 또는 부모와 자식이 서로 소송을 거는 경우도 있을 것이다. 이와 같이 감정이 한편에 치우치면 맹자가 말한 '사덕四德, 인의예지의 맹아'인 사단四端까지도 결국 나쁘게 변하고 마는 것이다. 그러므로 학문을 하여 성정이 중中과 화和를 잃지 않도록 하고, 또한 과불급過不及하지 않도록 해야 한다. 이것을 복성復性 즉 '본성으로 돌아가는 배움'이라고 한다. [언지록 225조]

〔拾遺〕 맹자는 『맹자』 「공손추상公孫丑上」편에서 사단四端 즉 측은지심, 수오지심, 사양지심, 시비지심은 사덕四德, 인의예지의 맹아라고 하였습니다.

"사람들은 누구나 차마 '남의 고통을 외면하지 못하는 마음不忍人之心'을 가지고 있다. 선왕들에게는 차마 남의 고통을 외면하지 못하는 마음이 있었으므로 차마 '남의 고통을 외면하지 못하는 정치不忍人之政'을 하였다. 차마 남의 고통을 외면하지 못하는 마음으로 차마 남의 고통을 외면하지 못하는 정치를 실천한다면, 천하를 다스리는 것은 손바닥 위에서 움직이는 것같이 쉬울 것이다. 사람들은 누구나 차마 남의 고통을 외면하지 못하는 마음이 있다고 하는 것은 다음과 같은 근거에서이다. 만약 지금 어떤 사람이 문득 한 어린아이가 우물 속으로 빠지게 되는 것을 보게 된다면, 누구나 깜짝 놀라며 측은하게 여기는 마음을 가지게 된다. 그렇게 되는 것은 어린아이의 부모와 교분을 맺기 위해서가 아니고, 마을 사람과 친구들로부터 어린아이를 구했다는 칭찬을 듣기 위해서도 아니며 어린아이의 울부짖는 소리가 싫어서 그런 것도 아니다. 이것을 통해서 볼 때 '측은하게 여기는 마음惻隱之心'이 없다면 사람이 아니고, '부끄러워하는 마음羞惡之心'이 없다면 사람이 아니며, '사양하는 마음辭讓之心'이 없다면 사람이 아니고, '옳고 그름을 판단하는 마음是非之心'이 없다면 사람이 아니다. 측은하게 여기는 마음은 인仁의 단서端緒이고 부끄러워하는 마음은 의義의 단서이고, 사양하는 마음은 예禮의 단서이고, 시비를 가리는 마음은 지智의 단서이다. 사람이 이 네 가지 단서四端를 가지고 있는 것은 그가 사지를 가지고 있는 것과 같다. 이 네 가지 단서를 가지고 있는데도 자신은 선을 실천할 수 없다고 말하는 사람은 스스로를 해치는 자이고 자기의 군주는 선을 실천할 수 없다고 말하는 사람은 자기의 군주를 해치는 자이다. 무릇 나에게 갖추어져 있는 네 가지 단서를 모두 확대시켜 가득 차게 할 줄 알면 마치 불이 타오르기 시작하고 샘이 쏟아나기 시작하는 것과 같아진다. 진실로 그것을 확대시켜 가득 차게 할 수 있으면 천하라도 보존할 수 있고, 만일 확대시켜 가득 차게 하지 않으면 부모조차도 부양할 수 없다."

『중용中庸』에서는 "기쁨, 화남, 슬픔, 즐거움의 감정이 아직 일어나지 않은 상태를 중中이라고 한다. 이러한 감정들이 일어나 모두 절도에 맞는 상태에 이른 것을 화和라고 한다. 중이란 천하 모든 것의 가장 큰 근본이며 화란 천하 모든 것에 두루 통하는 도이다. 중中과 화和를 극진하게 실현하면 천지가 제자리에 서고 만물이 번성하게 될 것이다喜怒哀樂之未發, 謂之中; 發而皆中節, 謂之和. 中也者, 天下之大本也; 和也者, 天下之達道也. 致中和, 天地位焉, 萬物育焉"이라고 합니다.

공자께서는 『논어』「선진先進」편에서 "지나친 것은 모자란 것과 같다過猶不及"고 말씀하셨습니다.

악의 본체는 선이다

　악을 일으키는 바탕인 감정의 본체 즉 사단四端이 인간의 본성이기 때문에, 악을 일으키는 본체는 선이라고 할 수 있다. 그래서 악도 본성이라고 말하지 않으면 안 된다. 〔언지록 226조〕

　〔拾遺〕 맹자가 말한 사단四端은 인仁·의義·예禮·지智를 이끌어 내는 실마리 즉 측은지심, 수오지심, 사양지심, 시비지심입니다. 맹자는 인간은 태어나면서부터 이를 지니고 있기에 성선설性善說: 인간의 본성은 선하다을 주장했습니다. 그런데 송나라의 대유 정명도程明道는 "선은 물론 인간의 본성이다. 악도 역시 본성이라고 말하지 않을 수 없다." 또한 "천하의 선악은 모두 천리天理인데 이 악이라고 말하는 것은 본래는 악이지 않고, 단지 지나치거나 미치지 못한 것이다."라고 말하였습니다. 명나라의 왕양명王陽明은 『전습록傳習錄』에서 "선한 것도 없고 악한 것도 없다는 것은 이理, 마음의 본체가 고요한 때이고 선한 것이 있고 악한 것이 있다는 것은 기氣가 움직이는 때이다.

기에 의하여 움직여지지 않으면 곧 선한 것도 없고 악한 것도 없게 된다. 이것을 '지극한 선至善'이라 말하는 것이다無善無惡者理之靜, 有善有惡者氣之動. 不動於氣, 即無善無惡, 是謂至善"라고 하였습니다.

하늘은 지성무망至誠無妄하다

하늘이 만물을 만들고 기르는 것은 영원하고 끝이 없는데, 거기에는 일정한 상리常理나 순서가 갖추어져 있어 절대로 망동을 하는 경우가 없다. 이것이 지성至誠이며 하늘의 이치이다. 『역경』에서는 '무망無妄'이라고 한다. 우주 간에는 이 생기 넘치는 도리가 갖추어져 있어 만물은 이것을 얻고 각각의 본성을 이루고 있다. 『역경』에서는 이것을 "하늘이 사물마다 '무망'을 부여하였다物與无妄"라고 한다. 〔언지록 241조〕

〔拾遺〕 『채근담』에 다음과 같은 구절이 있습니다.

"하늘의 도리를 따르는 길은 한없이 넓어서 그곳에 조금만 마음을 두어도 즉시 마음이 넓어지고 맑아진다. 인간의 욕망의 길은 한없이 좁아서 겨우 발을 붙였는가 하면 곧 사방이 가시덤불과 진흙탕으로 가득 찬다天理路上, 甚寬. 稍游心, 胸中便覺廣大宏朗. 人欲路上, 甚窄. 纔寄迹, 眼前俱是荊棘泥塗."

생각함에 사악함이 없는 게
영묘한 마음의 본체이다

사람이 이 세상에서 살아가는 것은 적든 많든 다른 이와 교제를 하지 않으면 안 되고 속세의 번뇌로 인해 헤매는 일도 있기 마련이다. 이런저런 일이 어지러이 터지는 게 그 끝이 없을 지경이다. 그러므로 계획을 저울질해 보고 추측해 보고 부러워하고 질투하고 인색해지거나 하며, 참으로 주위 환경으로 인해 생기는 감정과 망념이 가지가지다. 이것들이 모조리 세간의 습관이 된다. 비유컨대 온갖 도깨비들이 어둠을 틈타 준동하지만 태양이 떠올라 밝아지면 도망을 치는 것처럼, 마음의 영묘한 빛은 태양처럼 빛나고 있다. 마음의 영묘한 빛이 찬란하게 반짝이면 후천적으로 생긴 나쁜 습관은 사라지고 그것이 병을 부르지도 못한다. 성인이 이것을 단 한마디로 말하기를, "무엇을 생각할까, 무엇을 궁리할까何思何慮"라고 하였다. 바로 '생각함에 사악함거짓됨이 없는思無邪' 게 영묘한 마음의 본체라는 것이다. 〔언지후록 9조〕

〔拾遺〕 공자는 『논어』「위정」편 제2장에서 이렇게 말하였습니다.

"『시경』에 있는 삼백 편의 시를 한마디로 이야기하자면 '생각함에 사악함이 없다思無邪'는 것이다詩三百, 一言以蔽之, 曰 '思無邪'"

『채근담』에 나오는 다음과 같은 구절은 마음의 영묘한 빛을 떠오르게 합니다.

"가슴속에 반점의 물욕도 없으면 이미 집착은 마치 눈이 화롯불에 녹고 얼음이 햇빛에 녹는 것과 같으리라. 눈앞에 스스로 한 조각 밝은 빛이 있으면 언제나 달이 푸른 하늘에 있고 그 그림자가 물속에 있음을 보게 되리라胸中, 旣無半點物欲, 已如雪消爐焰, 氷消日. 眼前, 自有一段空明, 始見月在靑天, 影在波."

찰나의 한 호흡 간에 공력이 결정된다

자신을 이기는 극기의 공력은 찰나의 한 호흡 간에 있으니, 여러 가지를 고민하다 우물쭈물하는 일 없이 즉시 실천에 옮겨라.[언지후록 34조]

[拾遺] 왕양명은 "산중의 적은 깨뜨리기 쉽지만 마음속의 적은 깨트리기 어렵다"고 하였습니다.

공자는 『논어』 「안연顏淵」편 제1장에서 다음처럼 극기복례에 대해 말하였습니다.

안연이 인仁에 관하여 여쭙자, 공자께서 대답하셨다.

"자기를 이겨내고 예禮로 돌아감이 인이다. 하루라도 자기를 이겨내고 예로 돌아가면 천하가 인에게로 돌아온다. 나로부터 인을 이룩함이니 남에게 의존할 것이겠느냐!"

안연이 여쭈었다.

"그 구체적 방법을 감히 여쭙고자 합니다."

공자께서 대답하셨다.

"예가 아니면 보지 말고, 예가 아니면 듣지 말며, 예가 아니면 말하지 말고, 예가 아니면 거동하지 말라."

顏淵問仁, 子曰, 克己復禮爲仁. 一日克己復禮, 天下歸仁焉. 爲仁由己, 而由人乎哉. 顏淵曰, 敢問其目. 子曰, 非禮勿視, 非禮勿聽, 非禮勿言, 非禮勿動.

또 『채근담』에 이런 말이 있습니다.

"악마를 항복시키려고 하는 사람은 먼저 자기의 마음을 다스리라. 자신의 마음이 잘 다스려지면 모든 악마들이 스스로 물러갈 것이다. 남의 횡포를 누르려는 사람은 먼저 자신의 혈기를 다스리라. 스스로 자신의 마음을 다스려 평화로워지면 외부로부터 횡포가 침입하지 못할 것이다降魔者, 先降自心. 心伏, 則群魔退聽. 馭橫者, 先馭此氣. 氣平, 則外橫不侵."

존재하는 모든 것은 소멸한다

타오르는 불은 꺼지고, 물은 마르고, 사람은 죽는다. 존재하는 모든 것의 족적이 이러하다. [언지후록 54조]

〔拾遺〕한나라 양웅揚雄은 『양자법언揚子法言』에서 "사는 것은 반드시 죽고, 시작은 반드시 끝이 있다生者必死有, 初有者必終有"라고 하였습니다.

마음의 진리는
하늘이 준 것임을 알아야 한다

사람들은 모두 우러러 보며 넓고도 푸른 게 하늘이고, 굽어보며 부드럽고 푹신푹신하게 끝없이 이어진 것이 땅임을 안다. 하지만 자신의 몸과 피부, 모발, 뼈 등이 땅에서 나오고 자신의 마음이 진리를 명명백백하게 깨닫는 것은 하늘로부터 온 것임을 모른다. 〔언지만록 7조〕

〔拾遺〕『채근담』에 이런 말이 있습니다.

"마음의 본체는 곧 하늘의 본체와 같다. 하나의 기쁜 생각은 빛나는 별이며 상서로운 구름이요, 하나의 노여운 생각은 진동하는 우레며 쏟아지는 비요, 하나의 자비로운 생각은 따뜻한 바람이며 달콤한 이슬이요, 하나의 엄한 생각은 뜨거운 햇빛이며 가을 서릿발이니, 그 어느 것인들 없어서 되는 것이랴. 다만 모름지기 때에 따라 일어나고 때에 따라 없어져서 훤하게 막힘이 없어야만, 문득 태허와 더불어 동체가 되리라."

만물의 도리는 모두 내 안에 갖추어져 있다

『대학』은 "천하의 만물은 하나로서 도리를 갖추고 있지 않은 게 없다"라고 한다. 이 도리가 바로 인간의 마음에 존재하는 영성이다. 학문에 뜻을 둔 자는 우선 자기 자신에게 구비되어 있는 만물의 이치를 구명해야만 한다. 맹자는 『맹자』「진심상」편에서 "만물의 도리는 모두 자신의 본성에 갖추어져 있다. 그래서 자기 자신을 반성해 보고 자신의 본성에 갖추어져 있는 도리가 모두 성실하면 이보다 더 큰 즐거움은 없다"라고 말하였는데, 바로 이를 두고 한 말이다. 〔언지만록 14조〕

〔拾遺〕 『대학』은 또 "대개 사람의 신령스러운 마음은 모든 것을 알 수 있고, 천하의 사물에는 모두 이치가 존재한다蓋人心之靈莫不有知, 而天下之物莫不有理"고 합니다.

인간은 시비선악의 구멍 안에 살고 있다

인간은 모두, 본디 선악의 구멍 안에서 하루하루를 살고 있다. 그런데 대부분은 일상의 세세한 일이며, 이해득실에 관한 일은 몇 가지에 지나지 않는다. 윤리와 도덕상의 문제가 걸린 진짜 시비선악에 관해서는 문제로 삼지 않는다. 그러나 학문에 뜻을 둔 자는 윤리상의 시비와 선악의 문제에 대해서는 반드시 스스로 궁리를 해보아야만 한다. [언지만록 16조]

역경은 성性, 시경은 정情,
서경은 심心의 주석이다

『역경』은 하늘로부터 주어진 사람의 본성, 달리 말해 인간에게 내재한 천성 즉 '성性'이라는 글자의 주석인 것 같다. 『시경』은 "생각함에 사악함이 없는思無邪" 정서를 노래하기에 '정情'이라는 글자의 주석 같다. 『서경』은 인간의 심리를 추적하고 있기에 '심心' 자라는 글자의 주석 같다. 〔언지만록 45조〕

마음이 나我라는 배의 키이다

옛사람이 각자 스스로 깨닫고 얻은 점을 세상에 남긴 것은 좋은 일이다. 단지 자득의 방법이 따로따로 차이가 나므로 후세의 사람이 이것을 잘 체득할 수 없다. 그래서 각자가 영향을 받은 것에 치우치고 그 하나를 취해 무슨, 무슨 '주의主義'화를 하는 탓에 결국 여러 가지 폐해를 일으키게 된다. 나는 그것을 체득해 하나의 종파로 세우거나 혹은 하나의 명목을 세우거나 하고 싶지 않다. 생각건대 명목을 세우지 않은 것이 바로 나의 종파이다. 사람들이 혹시 이를 비평하며, "그러면 마치 키가 없는 배와 같으므로 다다라야 하는 항구를 모른다"고 할지 모른다. 나는 "나의 마음이 키이므로 그 힘을 쓰는 것은 각자가 자득하는 데 따라 다르고 결코 같을 필요도 없다"고 생각한다. 하나의 일에 집착해 다른 백 가지의 일이 막혀버렸다면, 오히려 이거야말로 배가 다다라야 할 목적지를 잃어버린 꼴이다. [언지만록 57조]

경은 불과 같고 불경은 물과 같다

항상 경敬의 마음을 잃지 않는 사람은 마치 불과 같다. 남들은 이런 사람을 두려워하면서도 친근해질 수 있는 사람으로 존경한다. 경의 태도를 지니지 못한 '불경不敬한' 사람은 물과 같다. 남들이 익숙해지고 친해지기는 쉽지만 업신여김을 당한다. 〔연지만록 174조〕

참된 나는 영원불멸하다

꿈속의 나도 나고, 깨었을 때의 나 역시도 나이다. 그 꿈속의 나와 깨었을 때의 나를 아는 것은 마음의 영묘한 작용이다. 이 영묘한 마음의 작용이야말로 '진짜 나'이다. 이 진짜 나는 깰 때이든 잘 때이든 조금도 차이가 없는 것을 스스로 알아야만 한다. 진짜 나는 항상 내 안에 살고 있는 영혼이요, 항상 내 안에 살고 있는 지각으로 만고가 흘러가도 죽지 않는 불후의 진짜 나이다. [언지만록 292조]

마음은 내 안에 살아 있는 생명체이다

무릇 살아 있는 생명체는 영양을 취하지 않으면 곧바로 죽어버린다. 마음은 곧 내 안에 존재하며 살아 움직이는 하나의 크나큰 생명체이다. 특히나 마음이라는 생명체도 기르고 북돋아주지 않으면 곧장 죽기 마련이다. 마음을 어찌 기르란 말인가. 의리로 마음을 길러주는 것 외에는 다른 방법이 없다. 〔언지질록 47조〕

기쁨은 봄, 노여움은 여름,
슬픔은 가을, 즐거움은 겨울과 같다

기쁨喜은 봄과 같아 마음의 본령이고, 노여움怒은 여름과 같아 마음의 변동이요, 슬픔哀은 가을과 같아 마음이 긴장한 모양새이며, 즐거움樂은 겨울과 같아 마음이 그 스스로 얻음이다. 마음이 그 스스로 얻은 이 모양새가 또 기쁨의 봄으로 돌아가는 것이다. 〔언지질록 49조〕

〔拾遺〕 북송 시대의 유학자 정명도程明道의 시 「추일우성秋日偶成」이 생각납니다.

한가히 지냄에도 일이 조용치 아니함이 없고 잠을 깨니 동녘 창가에 해가 이미 붉더라.

만물을 고요히 보니 다 스스로 얻었으니, 사시절 아름다운 흥을 사람과 더불어 같이 하도다.

도는 천지 무형한 밖에까지 통하고 생각은 풍운 변태 가운데 들도다.

부귀에 음란하지 않고 빈천에 즐기니 남아 대장부가 이에 이르면 이
것이 영웅호걸이로다.

閒來無事不從容 睡覺東窓日已紅

萬物靜觀皆自得 四時佳興與人同

道通天地無形外 思入風雲變態中

富貴不淫貧賤樂 男兒到此是豪雄

또 『주자어류』에는 이런 말이 나옵니다.

"천지는 그 마음이 만물에 두루 미치기 때문에, 사람이 그것을
얻으면 사람의 마음이 되고, 사물이 그것을 얻으면 사물의 마음이
되고, 초목과 짐승이 그것을 얻으면 초목과 짐승의 마음이 되니, 오
직 천지의 마음 하나일 뿐이다."

마음 수양과 마음의 본체

　　마음의 본체는 없는 것처럼 생각되지만 존재한다는 것을 구
명하는 게 수양이다. 이에 반해 마음의 본체를 구명하면 존재하
지 않는 것처럼 되는 게 마음의 실상이다. 〔언지질록 55조〕

청천백일한 본성은 내 맘 속에 있다

　마음이 고요하면 능히 빛나는 태양의 은혜를 알 수가 있고 눈
이 밝을 때에는 푸른 창공의 장쾌함을 알 수가 있다. 이는 북송
의 대유 정백씨程伯氏: 정명도의 말이다. 이 말처럼 착한 본성은 푸
른 하늘과 밝은 대낮과 같이 항상 자기 자신에게 있지 자신의
밖에 있지 않다. 이를 좌우명으로 삼고 교훈을 얻어라. 〔언지질록 57조〕

감정 중에서 가장 빠른 것은 노여움과 정욕이다

인간이 감정을 일으키는 경우를 생각해 보면 느림과 빠름이 있다. 그중에서 가장 급한 것은 분노와 정욕情欲이다. 분노는 마치 불과 같기에 이것을 누르지 않으면 자신이 타버리고 만다. 정욕은 흡사 홍수와 같기에 이것을 막지 않으면 스스로 익사하고 만다. 『역경』「손괘損卦」에서 "산 아래 못이 있는 것이 손損이니 군자가 이를 본받아서 성냄을 징계하고 욕심을 막느니라山下有澤. 損君子以懲忿窒欲"라고 하였는바, 분노와 정욕을 덜어내는 노력이 긴요하다는 것을 말함이다. 〔언지질록 62조〕

〔拾遺〕 주희의 『근사록』은 "사람의 감정은 드러나기는 쉽지만 제어하기는 어려운데, 노여움이 그중에서 가장 심하다人之情, 易發而難制者, 惟怒爲甚"고 합니다.

마음으로 들으면 분명해진다

표면에 나타난 현상을 눈으로만 보고는 진상을 모르지만 마음으로 보면 실상이 명확해진다. 또한 귀로만 들으면 진상이 확실하지 않지만 마음으로 들으면 분명해진다. 말과 행동거지도 똑같은 이치다. 〔언지질록 71조〕

〔拾遺〕『대학』에서는 "마음이 있지 않으면 보아도 보이지 않고 들어도 들리지 않으며 먹어도 그 맛을 알지 못한다心不在焉, 視而不見, 聽而不聞, 食而不知其味"고 하였습니다.

즐거움이야말로 마음의 진짜 모습이다

왕양명은 『전습록』에서 "즐거움이야말로 마음의 진짜 모습이다"라고 말하였다. 이를 완전하게 보여주는 이는 오로지 성인뿐이다. 어떻게 이를 알 수가 있나? 그것은 성인의 용모에 나타나고 또한 몸동작으로도 알 수가 있다. 『논어』「술이」편 제4장을 보면 "공자께서는 한가히 계실 적에는 몸가짐이 단정하고 온화하시고 모습이 평화로우셨다子之燕居, 申申如也, 夭夭如也"라고 한다.〔언지질록 135조〕

하루의 길고 짧음은 마음에 달려 있다

게으르게 살 때는 짧은 겨울날도 어쩐지 길다고 느껴진다. 부지런하게 살 때는 긴 여름날도 어쩐지 짧다고 느껴진다. 길고 짧음은 자신에게 있지 날日에 있지 않는 것이다. 똑같이 무언가를 기다리는 일 년은 어쩐지 느린 것 같고 무언가를 기다리지 않는 일 년은 어쩐지 빠른 것 같다. 느리고 빠름은 자신의 마음에 있지 해年에 있지 않은 것이다. 〔언지질록 139조〕

4장

—

구사삼성九思三省:

마음 닦음에 관하여

남이 아니라 하늘로부터 평가받는
사람이 되어라

무릇 일을 함에는 하늘을 섬기는 겸허한 마음으로 하는 게 중요하지, 사람들에게 공을 뽐내거나 자신의 존재를 사회에서 인정받기 위한 마음에 사로잡혀서는 안 된다. 〔언지록 3조〕

〔拾遺〕 일본 메이지 유신1868년의 가장 중심적인 인물이었던 사이고 다카모리西鄉隆盛, 1827~1877년는 이렇게 말했습니다.

"남을 상대로 하지 말고 하늘을 상대로 하라. 하늘을 상대로 해 자신의 전력을 다하며 다른 사람을 탓하지 말고 내가 성심을 다하지 않았나를 항상 살펴야 한다."

하늘은 왜 나를 낳고,
나에게 무슨 일을 시키려고 하는 것일까

　사람은 반드시 자기 자신을 스스로 반성하고 성찰할 줄 알아야 한다. "하늘은 어떤 이유로 나를 이 세상에 낳아, 나에게 무슨 일을 시키려고 하는 것일까. 나는 이미 하늘이 낳은 것이기에 반드시 하늘이 명한 역할이 있을 터이지 않은가. 또한 하늘이 명한 역할을 완수하지 않으면, 반드시 천벌을 받을 것이다." 스스로 반성해 여기까지 성찰하면 세상을 적당히 살면 안 되겠다는 것을 깨달을 수 있다. 〔언지록 10조〕

　〔拾遺〕『논어』「학이學而」편 제4장에서 증자曾子가 말했습니다.

　"나는 날마다 다음 세 가지에 대해 나 자신을 반성한다. 남을 위하여 일을 꾀하면서 진심을 다하지 못한 점은 없는가? 벗과 사귀면서 신의를 지키지 못한 일은 없는가? 배운 것을 제대로 익히지 못한 것은 없는가?吾日三省吾身 爲人謀而不忠乎? 與朋友交而不信乎? 傳不習乎?"

스스로 선을 행할 마음이 없으면, 견문이 많은 게 화를 부를 수도 있다

남의 선행을 본받아 자신의 것으로 삼으려는 자선資善의 마음이 이미 자기 자신에게 있다면 오로지 어버이와 형, 스승과 친구들에게 가능한 더 많이 듣지 않았음을 걱정해야 한다. 또한 독서도 가능한 많이 하지 않을 까닭이 없다. 성인과 현자들의 말을 많이 듣고 많이 본다는 다문다견多聞多見의 참된 뜻은 바로 이러한 것이다. 〔언지록 14조〕

〔拾遺〕『논어』「위정爲政」편 제18장에서 자장子張이 녹봉을 많이 받고 좋은 관직에 올라 출세하는 방법을 배우려고 하자, 공자가 말하였습니다. "많이 듣되 의심스러운 것은 제쳐두고, 그 나머지를 신중하게 말하면 허물이 적다. 많이 보되 위태로운 것을 빼놓고, 그 나머지를 조심스럽게 실천하면 뉘우침이 적을 것이다. 말에 허물이 적고 행동에 뉘우침이 적으면 녹봉은 절로 있게 마련이다多聞闕疑, 愼言其餘, 則寡尤; 多見闕殆, 愼行其餘, 則寡悔. 言寡尤, 行寡悔, 祿在其中矣."

고난은 재능을 연마시켜 준다

무릇 환난과 변고, 굴욕과 비방, 마음속 곤욕스러움은 모두 하늘이 자신의 재능을 길러주기 위한 것이므로 그 어느 것이나 자신의 재능을 닦아주는 숫돌이자 바탕이다. 그러므로 군자는 응당 이와 같은 지경에 처하면 어떻게 처리할지를 궁리해야지, 도피하려고 해서는 안 된다. 〔언지록 59조〕

〔拾遺〕 이릉李陵이 흉노를 토벌하러 나갔다가 투항한 일을 두고 탄핵 여부를 논할 때 사마천은 이릉을 두둔하는 주장을 하다가 한 무제의 노여움을 사 궁형에 처해졌습니다. 다음은 사마천의 『사기』 「태자공자서太史公自序」에 나오는 글로 동양 최고의 사서인 『사기』는 사마천의 고난을 밑거름 삼아 탄생하였다는 것을 보여줍니다.

그로부터 칠 년 뒤에 태사공은 이릉의 화를 입고 감옥에 갇히고 말았다. 그는 한숨을 쉬고 탄식하며 말했다.

"이것이 내 죄인가? 이것이 내 죄인가? 몸이 망가져 쓸모없게 되었구나."

그는 물러나 깊이 생각한 끝에 이렇게 말했다.

"대체로 『시경』과 『서경』의 뜻이 은미하고 말이 간략한 것은 마음속으로 생각하는 바를 펼쳐 보이려 했기 때문이다. 옛날 서백西伯, 주나라 무왕은 유리羑里에 갇혀 있었으므로 『주역』을 풀이했고, 공자는 진陳나라와 채나라에서 고난을 겪었기 때문에 『춘추』를 지었으며, 굴원은 쫓겨나는 신세가 되어 「이소」를 지었고, 좌구명左丘明은 눈이 멀어 『국어』를 남겼다. 손자孫臏는 다리를 잘림으로써 『병법』을 논했고, 여불위는 촉나라로 좌천되어 세상에 『여람呂覽』을 전했으며, 한비는 진秦나라에 갇혀 「세난說難」과 「고분孤憤」 두 편을 남겼다. 『시』 300편은 대체로 현인과 성인이 발분하여 지은 것이다. 이런 사람들은 모두 마음속에 울분이 맺혀 있는데 그것을 발산시킬 수 없기 때문에 지나간 일을 서술하여 앞으로 다가올 일을 생각한 것이다."

이리하여 드디어 도당陶唐: 요임금부터 인지麟止: 한 무제가 기린을 얻어 발 모양을 주조한 일에 이르기까지의 일을 서술하였다. 기록은 황제黃帝부터 시작된다.

독립자신

대장부는 다른 사람에게 기대는 일 없이 혼자서 독립을 해 자신감을 갖고 행동하는 게 중요하다. 자신의 영달을 위해 권세에 빌붙어 알짱거리거나 돈 있는 자에게 엉겨 붙어 아양을 떨 생각일랑은 하지 말아야 한다. 〔언지록 121조〕

〔拾遺〕 일본 만엔짜리 지폐 속의 주인공인 후쿠자와 유키치福澤諭吉는 『학문을 권함學問のすすめ』에서 독립자존獨立自尊에 대해 이렇게 말한 적이 있습니다. "독립의 기력이 없는 자는 반드시 남에게 의지하고, 남에게 의지한 자는 반드시 남을 두려워한다. 남을 두려워하는 자는 반드시 남에게 아첨하며 알랑거린다. 늘 남을 두려워하며 알랑거리는 자는 점점 이것에 익숙해져 철면피가 되고 부끄러워해야 할 일도 부끄러워하지 않고 왈가왈부할 일도 논하지 않고 사람만 보면 허리를 굽힐 뿐이다. …… 서라면 서고 춤추라면 춤추는 그 유연함은 사실 사육된 개와 같다."

신독

　돈을 많이 모으면 멀리까지 드러난다. 성誠이 사물을 움직이는 것은 신독眞獨에서부터 시작된다. 혼자 있을 때 삼갈 줄 알면 사람을 대할 때도 부러 주의를 하지 않아도 상대는 자연스레 차림새와 모양새를 바르게 해 경의를 표한다. 만약 혼자서도 삼갈 줄 아는 습관이 없으면 사람을 대할 때 주의해서 정중할지라도 사람은 결코 모양새를 바르게 하며 존경을 표하지 않는다. 성誠이 지극하든 지극하지 않든지 간에 그 감응의 빠름은 이와 같다. 〔언지록 152조〕

　〔拾遺〕 신독은 '남이 알지 못하는 자신의 마음속에서 인욕人欲 · 물욕物欲에 빠지지 않고 삼간다'는 뜻을 지닌 유교의 중요한 실천 덕목입니다. 『대학』에서는 "이른바 자신의 의지를 성실하게 한다는 것은 자신을 속이지 않는 것이다. 악을 싫어하기를 마치 악취를 싫어하듯이 하고, 선을 좋아하기를 마치 예쁜 여자를 좋아하듯이 하

는 것, 이것이 스스로 만족하면서 흔쾌히 선을 행하고 악을 제거한다고 하는 의미이다. 그러므로 군자는 반드시 홀로 있을 때에 신중하게 행동한다!所謂誠其意者: 毋自欺也, 如惡惡臭, 如好好色, 此之謂自謙, 故君子必愼其獨也!"고 하였습니다.

『중용』에는 또 이러한 구절들이 있습니다.

"도라고 하는 것은 잠시라도 떨어질 수 없다. 떨어질 수 있다면 도가 아니다. 그러므로 군자는 다른 사람이 보지 않는 곳에서도 삼가고 다른 사람이 듣지 않는 곳에서도 조심한다道也者, 不可須臾離也, 可離非道也. 是故君子戒愼乎其所不睹, 恐懼乎其所不聞."

"은밀한 곳보다 눈에 잘 띄는 곳이 없고, 미세한 일보다 분명하게 드러나는 일은 없다. 그러므로 군자는 홀로 있을 때에 신중하게 행동한다莫見乎隱, 莫顯乎微, 故君子愼其獨也."

화는 입으로부터 나오고
병은 입으로부터 들어간다

사람은 당연히 입을 가장 신중히 해야 한다. 입은 두 가지 쓰
임새가 있다. 하나는 말이 나오는 것이요, 둘째는 음식물을 삼
키는 것이다. 사람이 말을 삼가지 않으면 화를 재빨리 부르고
음식을 삼가지 않으면 병을 부를 만하다. 속담에 이르길, "화는
입으로부터 나오고 병은 입으로부터 들어간다"고 하였다. (언지록

189조)

자기 자신이 마음으로 자신을 따라야
남도 따라준다

이치에 맞는 말은 어느 누구라도 따르지 않으면 안 된다. 그렇지만 그 말에 노기가 있어 격한 데가 있다면 듣는 사람은 따르지 않는다. 강제성이 있기에 따르지 않는다. 으스대고 뽐내는 데가 있어도 따르지 않는다. 자신의 편의를 살피고자 하는 데가 있어도 따르지 않는다. 무릇 사리에 충분히 맞더라도 사람이 따르지 않는 경우에는 군자라는 자도 반드시 자기 자신을 반성할 줄 알아야 한다. 우선 자기 자신이 자신의 행위에 만족하며 마음으로부터 복종할 수 있어야 남들도 따라준다. 〔언지록 193조〕

〔拾遺〕『맹자』「공손추상公孫丑上」편에는 증자가 제자 자양子襄에게 다음과 같이 말한 게 실려 있습니다. "스스로는 돌이켜보아서 옳지 않다면 누더기를 걸친 비천한 사람에 대해서도 두려움을 느끼게 될 것이고, 스스로 돌이켜보아서 옳다면 천군만마가 쳐들어와도 나아가 용감하게 대적할 수 있을 것이다."

자중하고 자중하고 자중하라

우리는 꼭 몸을 삼가며 경솔하게 행동하지 않는 자중自重을 알아야만 한다. 우리들의 본성은 하늘이 준 미덕이므로 가장 소중하게 여겨야 하고, 우리의 몸은 부모가 물려준 것이므로 귀중하게 여기지 않으면 안 된다. 자신의 외양은 사람들이 보고, 말은 사람들의 신용을 받는 것이므로, 이 또한 자중하지 않으면 안 된다. 〔언지후록 6조〕

중中에 대하여

　지나치거나 미치지 못하여 중용中庸을 얻지 못한 상태 즉 '과
불급過不及'이 없는 것을 '중中'이라고 하는데 이것이 가장 깨닫기
어렵다. 기가 약한 사람이 '중'이라고 하는 것은 모두 '중'에 이
르지 못한 것이다. 반대로 그 무엇에도 굴복하지 않고 기백이
넘치는 사람이 '중'이라고 하는 것은 모두 '중'을 지나쳐 버린
것이다. 그러므로 군자의 길인 '중'을 제대로 아는 자는 적다. 〔언
지후록 29조〕

　〔拾遺〕 『중용』은 "기쁨, 화남, 슬픔, 즐거움의 감정이 아직 일어나
지 않은 상태를 중中이라고 한다. 이러한 감정들이 일어나 모두 절
도에 맞는 상태에 이른 것을 화和라고 한다. 중이란 천하 모든 것의
가장 큰 근본이며 화란 천하 모든 것에 두루 통하는 도이다. 중中과
화和를 극진하게 실현하면 천지가 제자리에 서고 만물이 번성하게
될 것이다喜怒哀樂之未發, 謂之中; 發而皆中節, 謂之和. 中也者, 天下之大本也; 和也

者, 天下之達道也. 致中和, 天地位焉, 萬物育焉"라고 합니다.

　　주희는『중용장구』에서 "중은 치우치지 않고 기울어지지 않으며 지나치거나 모자람이 없는 것을 이름한 것이다. 용은 평상이다^{中庸} 者, 不偏不倚無過不及之名, 庸, 平常"라고 하였습니다.

큰소리치기를 좋아하면 국량이 작다

큰소리치기를 좋아하는 자는 반드시 그 사람됨의 도량이 작다. 장담하기를 좋아하는 사람은 반드시 그 사람됨이 겁쟁이다. 오로지 큰소리를 치지 않고 지나치게 장담하지 않는 말 중에 그 무언가의 깊은 의미가 품어져 있으면 대체로 견식이 높고 도량이 넓은 인물이다. 〔언지후록 68조〕

〔拾遺〕『논어』「학이」편 제3장에서 공자가 말하였습니다.

"말을 교묘하게 하고 얼굴빛을 곱게 꾸미는 사람들 중에는 어진ᄂ 이가 드물다巧言令色, 鮮矣仁!"

「자로」편 제27장에서는 공자가 이렇게 말하였습니다.

"강직함과 의연함과 질박함과 어눌함은 모두 어짊ᄂ과 가깝다剛毅, 木訥, 近仁."

군자와 소인은 스스로 자[自] 자라고 하는 이 한 글자의 차이다

  훌륭한 인격을 지닌 군자는 자신의 행위에 만족하지 않지만 소인은 곧바로 자신의 양심을 속이며 스스로의 행동에 만족하고 만다. 군자는 또 늘 부족하다며 스스로 노력하기를 멈추지 않으나 소인은 찰나에 스스로를 버리고 만다. 향상의 길에 오르는 것이랑 타락의 길로 떨어지는 것은 '스스로 자[自]', 이 한 글자 차이에 지나지 않는다. 〔언지후록 96조〕

구사삼성 九思三省

공자는 정신수양의 방법으로 '구사九思'를 말씀하셨고, 증자
曾子는 자신에 대한 반성을 '삼성三省'으로 들었다. 일이 있을 때
에 이것으로 성찰하고 일이 없을 때에는 양심을 잃지 않고 본성
을 수양할 수 있도록 정좌를 하고 잘 궁리해 보아야 한다. [언지후

록 128조]

〔拾遺〕『논어』「계씨季氏」편 제10장에서 공자가 말하였습니다.

"군자에게는 항상 생각하는 것이 아홉 가지가 있다. 볼 때에는
밝게 볼 것을 생각하고, 들을 때에는 똑똑하게 들을 것을 생각하며,
얼굴빛은 온화하게 할 것을 생각하고, 몸가짐은 공손하게 할 것을
생각하며, 말을 할 때는 진실하게 할 것을 생각하고, 일을 할 때에
는 공경스럽게 할 것을 생각하며, 의심이 날 때에는 물어볼 것을 생
각하고, 성이 날 때에는 뒤에 겪을 어려움을 생각하며, 이득 될 것
을 보았을 때에는 그것이 의로운 것인가를 생각한다君子有九思: 視思

明, 聽思聰, 色思溫, 貌思恭, 言思忠, 事思敬, 疑思問, 忿思難, 見得思義."

『논어』「학이」편 제4장에서 증자가 말했습니다.

"나는 날마다 다음 세 가지 점에 대해 나 자신을 반성한다. 남을 위하여 일을 꾀하면서 진심을 다하지 못한 점은 없는가? 벗과 사귀면서 신의를 지키지 못한 일은 없는가? 배운 것을 제대로 익히지 못한 것은 없는가?吾日三省吾身: 爲人謀而不忠乎? 與朋友交而不信乎? 傳不習乎?"

정좌

  정좌의 효능은 기를 진정시키고 정신을 하나에 집중하는 것으로 앉아서 나아감과 물러감을 궁리하는 『소학』의 한 토막을 보충하고 있다. 즉 호흡을 올바르게 정돈해 입가를 '한 일一' 자로 하고 머리를 꼿꼿하게 하며, 손을 흐트러지지 않게 하고 정신을 배 방향으로 두어 엄숙하고 경건한 기분을 가지고 심중의 다양한 잡념이나 망상 그리고 금전이나 명리 등의 숨어 있는 마음의 병 그 뿌리를 찾아 제거하지 않으면 안 된다. 그것을 하지 않고 헛되이 앉아서 눈을 감고 빳빳한 몸으로 망상이나 하는 마음에 치우친다면 기분을 진정하고 마음을 집중하고 있다손 치더라도 그런 경지에서는 결국 아무것도 얻지 못한다. 〔언지후록 136조〕

수신修身이라는 두 글자

    수신修身이라는 두 글자는 위로는 천하와 국가, 아래로는 제한 몸一身에 이르기까지 일관되게 관통하고 있다. 『대학』의 가르침에는 마음을 바로잡고正心, 뜻을 성실하게 추구하고誠意, 앎을 밝히고致知, 사물의 이치를 연구하는格物 등등의 순서가 있지만 그것을 닦고자 하는 것에서는 모두 수신의 세부 항목이지 앞뒤의 구별은 없다. 또한 가정, 국가, 천하 등에는 크고 작은 차이는 있지만 모두 다 수신을 해 덕을 감응시키는 장소이지 이것저것을 구별할 까닭은 없다. 〔언지후록 148조〕

    〔拾遺〕『대학』의 8조목은 격물格物 · 치지致知 · 성의誠意 · 정심正心 · 수신修身 · 제가齊家 · 치국治國 · 평천하平天下입니다. 수신의 확대 응용은 제가, 치국, 평천하이고 수신이 도달하고자 하는 세부 항목은 정심, 성의, 치지, 격물입니다. 특히 격물치지는 주자학파朱子學派: 정이천, 주희와 양명학파陽明學派: 육상산, 왕양명가 서로 다르게 해석합니

다. 주자는 '격格에 이른다至'는 뜻으로 해석하여 '모든 사물의 이치를 끝까지 파고 들어가면 앎에 이른다致知'고 하는 이른바 성즉리설性卽理說을 확립하였고, 왕양명은 '사람의 참다운 양지良知를 얻기 위해서는 사람의 마음을 어둡게 하는 물욕을 물리쳐야 한다'고 주장하며 '격을 물리친다'는 뜻으로 풀이하여 심즉리설心卽理說을 확립하였습니다. 즉 주자의 격물치지가 지식 위주인 것에 반해 왕양명은 도덕적 실천을 중시하고 있습니다. 그래서 오늘날 주자학을 이학理學이라 하고, 양명학을 심학心學이라고 합니다.

젊어서는 여색, 장년에는 다툼,
노년에는 물욕을 경계하라

사람은 오십이 넘으면 다시 춘심春心이 발동하지만 이는 사실 몸이 쇠하는 징조다. 비유하자면 등불이 꺼지기 전에 반드시 찰나에 마지막 불꽃을 내뿜는 것과 엇비슷하다. 나는 왕년에 '스스로를 삼가 조심하며 경계하는' 자경시自警詩를 쓴 적이 있다. 다음과 같다. "만년의 노인이 되어 젊은이인 척하지 말라. 그런 흉내를 내면 곧바로 몸의 장단이 어긋나 몸고생이 이만저만이 아니라네. 지금은 나뭇잎이 노란 가을을 지나 겨울이지만 잠시나마 화창한 봄날의 기운을 느꼈네. 백발이 섞여 죽음을 앞둔 비칠비칠한 늙은이 따위라고 해서 그 누구도 딱하다고 생각하지 않네. 이제는 내 스스로 '삼계三戒'야말로 평생의 마음의 잡도리임을 알겠네. 고목에 계절을 모르는 꽃이 피었다고 생각하니 이는 찰나에 봄이 찾아온 거라네." [언지후록 149조]

〔拾遺〕공자께서 『논어』「계씨季氏」편 제7장에서 이렇게 말씀하셨

습니다. 이른바 삼계三戒에 관해서입니다.

"군자는 세 가지를 경계해야 한다. 젊은 때는 혈기가 안정되지 않으므로 여색을 경계해야 한다. 장년이 되면 혈기가 바야흐로 왕성해졌으므로 다툼을 경계해야 한다. 노년이 되어서는 혈기가 이미 쇠약해지므로 물욕을 경계해야 한다君子有三戒. 少之時, 血氣未定, 戒之在色. 及其壯也, 血氣方剛, 戒之在斗. 及其老也, 血氣旣衰, 戒之在得."

몸은 오직 하나, 자중자애自重自愛하라

물건 중에서 유일하게 하나만 있고 두 개는 없는 게 최상의 보물로 친다. 『서경』「고명顧命」편에 나오는 적도赤刀, 대훈大訓, 천구天球, 하도河圖는 단지 한 개뿐이지 둘은 없다. 그래서 이것을 보물이라고 하는 것이다. 생각해 보건대 자신의 몸도 또한 과연 하나이지 두 개가 아니다. 이 하나밖에 없는 자신의 몸을 자중자애하지 않는 것은 생각이 없어도 너무 심하게 없는 것이다.

〔언지후록 186조〕

〔拾遺〕『서경』「고명顧命」편은 주나라 성왕成王이 임종 때 신하들을 모아놓고 강왕康王을 잘 보필하라고 유언하는 내용입니다. 여기서 즉위식에 쓰인 적도는 붉은 옥돌 칼, 대훈은 선왕의 교훈이 새겨진 옥돌, 천구는 옹주雍州에서 바쳤다고 하는 하늘색 옥돌이고 하도는 황하에서 난 무늬가 있는 옥돌입니다.

덕이 있는 사람에게는 반드시 할 말이 있다

입덕立德 · 입공立功 · 입언立言 이 세 가지가 영원히 불멸하는 까닭은 반드시 덕에 바탕을 두고 있기 때문이다. 『논어』에서 공자는 "덕이 있는 사람에게는 반드시 할 말이 있다"고 하였는데, 이로써 덕이 있으면 할 말이 있고 선정을 베풀 수 있다는 것을 알 수가 있다. 또한 덕이 있으면 공도 세울 수가 있다는 것을 알 수가 있다. 나는 이런 사람을 옛사람들에게서 찾았거늘, 이 세 가지를 모두 갖춘 이를 몇 명 보지 못하였다. 만약 그런 이가 있다면 나는 그 옛사람을 친구로 삼기 위해 다른 일을 할 짬이 없다고 생각하는데 어찌 사소한 결점 등을 문제로 삼을 것인가? 이것이 내가 바라는 바이다. 〔언지후록 253조〕

정신수양은 바른 도리가
콸콸 쏟아져 나오는 물과 같다

정신수양에 대한 우리들의 공력은 자기 자신이 스스로의 마음을 찾고, 바라고, 몸소 체험하며 깨닫는 데 있다. 이리하여 바른 도리義理가 마치 콸콸 흘러나오는 물처럼 흐르고, 거기에 무언가가 존재하는 것과 같다. 그렇지만 그 근원이 어디에 있는지를 모르기 때문에 마치 아무것도 없는 것과 같다. 〔언지만록 4조〕

기가 안정되면 무슨 일에든 정직하다

바깥 세계가 어떠하든지 간에 마음은 늘 평안한 게 중요하다. 마음이 평정하면 마음의 안정을 자연스레 찾을 수가 있다. 이와 같이 기氣가 평온한 게 중요하다. 기가 안정되면 그 무슨 일이든 정직해진다. 〔언지만록 6조〕

〔拾遺〕『채근담』에 이런 말이 있습니다.

"어진 사람의 마음은 너그럽고 느긋하기 때문에 복이 두텁고 경사가 오래가며, 하는 일마다 너그럽고 느긋한 기상을 이룬다. 천박한 사람은 마음이 항상 급하고 좁기 때문에 복이 엷고 은택이 짧아 하는 일마다 엷고 짧은 모양을 이룬다仁人心地寬舒, 便福厚而慶長, 事事成個寬舒氣象. 鄙夫念頭迫促, 便祿薄而澤短, 事事得個薄促規模."

자신만의 등불을 찾아내라

어두운 밤길을 가는 데 초롱불 하나를 켜고 가면 아무리 어둡더라도 두려워하지 말라. 오로지 단 하나의 등불에 의지하더라도 좋다. [언지만록 13조]

〔拾遺〕 사람이 살다 보면 어두운 밤과 같은 때를 만나지만 오로지 자신의 올바른 뜻과 삶의 방법을 하나의 초롱불처럼 굳게 믿는다면 걱정을 할 필요가 없다는 말이 아닐는지요. 일본 센고쿠戰國 시대의 명장, 오다 노부나가織田信長는 이런 말을 남겼다고 합니다. "사람이 성城에 의지하면 성은 사람을 버리지 않는다人, 城を賴らば, 城, 人を捨てん."

『논어』「자한」편 제29장에서 공자가 말하였습니다. "함께 공부할 수 있는 사람이라도 함께 도道로 나아갈 수는 없고, 함께 도로 나아갈 수 있는 사람이라도 입장을 같이 할 수는 없으며, 입장을 같이 할 수 있는 사람이라도 상황에 따른 판단을 함께 할 수는 없다可與共學, 未可與適道; 可與適道, 未可與立; 可與立, 未可與權."

극기복례

탁수濁水 역시 물이다. 한 번 맑아지면 청수清水가 된다. 객기客氣도 역시 기다. 한 번 바뀌면 정기精氣가 된다. 이 객기를 물리치고 정기가 되게 하는 것은 극기복례, 즉 자신의 사사로운 욕심을 물리치고 사람으로서 행해야 할 예법을 실천하는 것이다. 〔언지만록 17조〕

〔拾遺〕『논어』「안연顏淵」제1장에 극기복례克己復禮가 나옵니다.

안연이 인仁에 관하여 여쭙자, 공자께서 말씀하셨다.

"자기를 이겨내고 예禮로 돌아감이 인이다. 하루라도 자기를 이겨내고 예로 돌아가면 천하가 인에 귀의할 것이다. 인을 실천하는 것이야 자신에게 달린 것이지 다른 사람에게 달린 것이겠느냐?"

안연이 여쭈었다. "그 구체적인 방법을 여쭙고자 합니다."

공자께서 말씀하셨다. "예가 아니면 보지 말고, 예가 아니면 듣지 말며, 예가 아니면 말하지 말고, 예가 아니면 거동하지 말라."

수양의 가로축만으로는
얄팍해질 수가 있다

내면적으로 마음의 본성을 닦는 것은 수양의 세로축이며, 외면적으로 책을 읽는 것은 수양의 가로축이다. 수양의 세로축으로는 깊은 도리를 깨닫는 경지에 이를 수 있지만, 수양의 가로축으로는 얄팍하거나 지나치게 넘쳐흘러 참된 자신을 찾을 수가 없다. 〔언지만록 63조〕

독서와 정좌

　나는 독서와 정좌를 동시에 하려는 시도를 해보았다. 경서를 읽을 때에는 조용하고 편안하게 정좌를 한 채 책을 열고 쭉 훑어보며 하나의 세상사, 하나의 도리를 반드시 마음속으로 궁리하고자 하면 무언중에 마음과 책이 서로 통함을 자주 터득할 수 있다. 이런 경우가 완전한 무욕이다. 즉 사념을 떠난 채 오로지 마음이 조용해지는 '주정主靜'의 상태인 것이다. 그래서 주자朱子처럼 반나절 정좌, 반나절 독서라고 하는 노력을 반드시 할 필요는 없는 것 같다. 〔언지만록 74조〕

참된 자신을 알기 위해서는
망아의 경지에 서봐야 한다

어두운 밤에 정좌를 하고 있는 자는 망아의 경지가 되고, 참된 자신을 알 수가 있다. 밝은 낮에 보행을 하는 자는 자신의 모습이나 그림자를 분명히 판별할 수 있지만 한밤중에 정좌 하는 사람과 달리 자신의 본심과 본성을 잊고 살 수가 있다. [연지만록 81조]

수양은 저잣거리에서도 이룰 수 있다

　지극한 고요함[靜]을 지극한 움직임[動] 속에서도 얻을 수 있다는 것을 알아야 하는 게 마음을 다스리는 방법이다. 명대의 학자 여경야呂涇野는 "수양은 반드시 고요한 산림이 아니어도, 소란스러운 저잣거리에서도 이룰 수 있다"고 했는데 정말로 이 말 그대로이다. 〔언지만록 85조〕

욕심이 없으면 용기가 생긴다

스스로의 양심에 아무런 거리낌이 없으면 무아의 경지다. 설령 천만인의 상대가 있다손 쳐도, 자신은 혼자서라도 가는 때는 용기가 있는 때로 그 어떤 부귀도 위세도 안중에 없기에 무욕의 경지이다. 〔언지만록 99조〕

〔拾遺〕『맹자』「공손추상」편에 이런 대목이 나옵니다.

옛날에 증자가 제자인 자양에게 말했다. "그대는 용기를 좋아하는가? 나는 용기에 대해서 선생님께 들은 적이 있다. 스스로를 돌이켜보아서 옳지 않다면 누더기를 걸친 비천한 사람에 대해서도 두려움을 느끼게 될 것이고, 스스로를 돌이켜보아서 옳다면 천군만마가 쳐들어와도 나아가 용감하게 대적할 수 있다."

昔者曾子謂子襄曰, 子好勇乎? 吳嘗聞大勇於夫子矣: 自反而不縮, 雖褐寬博, 吳不惴焉; 自反而縮, 雖千萬人, 吳往矣.

현재의 일각에 마음을 집중하라

시간은 일각일각 변해 가지만 우리는 언제라도 마음을 현재의 일각에 집중해 두지 않으면 안 된다. 일이 아직 출현하지 않았는데 이것을 맞이할 수 없고, 또 지나가 버린 일을 뒤쫓아도 따라붙을 수도 없다. 조금이라도 과거를 쫓거나 오지 않는 장래를 맞이하는 것은 모두 자신의 본심을 잃고 있는 상태이다. 〔언지만록 175조〕

자기 자신의 마음에 늘 절을 하며 안부를 물어라

    사람은 항상 스스로의 마음에 예절을 지키며 절을 하고 건강하게 잘 지내는지 안부를 물을 줄 알아야 한다. 자신의 마음은 곧 하늘이 물려준 마음이고 자신의 몸은 곧 부모가 물려준 몸이기 때문이다. 그래서 자신의 마음에 항상 안부를 묻는 것은 하늘을 섬기는 것이자 평생 동안 효도를 하는 것이다. 〔언지만록 177조〕

    〔拾遺〕『법구경』에 이런 구절이 있습니다.

    "마음은 모든 일의 근본이 된다. 마음은 주主가 되어 모든 일을 시키나니, 마음속에 악한 일을 생각하면 그 말과 행동 또한 그러하리라. 그 때문에 괴로움은 그를 따르리. 마치 수레를 따르는 수레바퀴 자국처럼. …… 마음속에 착한 일을 생각하면 그 말과 행동 또한 그러하리라. 그 때문에 즐거움이 그를 따르리. 마치 형체를 따르는 그림자처럼."

음식욕과 색욕을 능가하는
더 큰 욕망은 없다

학자들은 모두 '욕망을 버려라'고 말하지만 이를 실행하기란 매우 어렵다. 나는 "우선 큰 욕망부터 없애라"고 말한 적이 있다. 인간의 큰 욕망 중에서 음식욕과 색욕을 능가하는 것은 없다. 때문에 이 두 가지의 큰 욕망을 삼가 절제할 줄 아는 게 중요하다. 나는 중년이 지난 후 이 두 가지 욕망이 점차 엷어졌고 지금은 아주 말끔하게 없어졌다. 정신 상태는 장년과 비교해 전혀 다른 점이 없는데, 이거야말로 행복이라 말할 수 있다. 〔언지만록 178조〕

〔拾遺〕『예기』「예운禮運」편에서 "음식남녀는 인간의 큰 욕망이다 飮食男女, 人大欲存"라고 하였습니다.

지나친 행위는
지나친 잘못이 되기 십상이다

과월過越은 '지나친 행위'이고 과건過愆은 '지나친 잘못'이다. 똑같이 '지날 과過' 자를 쓰지만 뜻은 다르다. 나는 세상 사람들 중에서 '지나친 행위'를 하는 자는 반드시 '지나친 잘못'을 범하기 일쑤라고 생각한다. 과過 자를 똑같이 쓰고 있는 탓인 줄도 모른다. 때문에 사람 일이란 설령 미치지 못할지라도 지나치면 안 되는 것이다. 〔언지만록 181조〕

〔拾遺〕『논어』「선진先進」편 제15장에서 자공이 물었습니다.

"자장과 자하 중에서 누가 더 현명합니까?"

공자께서 말씀하셨습니다.

"자장이라면 재주가 넘치고 자하라면 재주가 모자란다." 이에 자공이 되물었습니다. "그렇다면 자장이 더 현명한 것입니까?" 이에 공자께서 말해 주었습니다. "지나친 것은 모자란 것과 같다師也過, 商也不及. 曰, 然則師愈與? 子曰, 過猶不及."

너의 영험한 거북이를 두고
내가 먹는 것을 보고 있으니 보기 흉하다

　『역경』「이괘頤卦」에서 "너의 영험한 거북이를 두고 내가 먹는 것을 보고 있으니 보기 흉하다舍爾靈龜, 觀我朵頤, 凶"고 하였다. 즉 자신이 지닌 덕을 버리고 물욕에 사로잡히는 상태는 보기 흉하다는 말이다. 자신이 지닌 덕을 버려서는 안 되는 것이다. 덕을 남에게서 구하는 것은 모두 아래턱을 축 늘어뜨리고 무엇을 구걸하는 상태임을 보여준다. 〔언지만록 201조〕

돌과 뿌리 깊은 나무는 자중의 스승이다

돌은 무겁기에 움직이지 않고, 큰 나무는 뿌리가 깊기에 뽑히지 않는다. 사람도 마땅히 스스로를 무겁게 해 남들에 의해 쉽사리 움직임을 당하지 않도록 해야 한다. [언지만록 222조]

〔拾遺〕『법구경』 81조가 생각납니다.

"아무리 바람이 불어도 반석은 흔들리지 않는 것처럼 어진 사람은 뜻이 굳세어 비방과 칭찬에 움직이지 않는다譬如厚石, 風不能移, 智者意重, 毀譽不傾."

시작이 반이라지만
끝을 맺기란 정말로 어렵다

무릇 무슨 일이든지 시작은 의외로 간단하지만 계속 끝까지 하는 것은 어렵다. 학문을 시작하거나, 하나의 기능이나 예능 등을 배우는 것도 마찬가지다. [언지만록 255조]

〔拾遺〕『채근담』에 이런 말이 있습니다.

"책을 읽어도 그 속에서 성현을 보지 못한다면 그는 글이나 베끼는 사람이 될 것이고, 벼슬자리에 있으면서도 백성을 자식같이 사랑하지 않는다면 그는 관복을 입은 도둑에 지나지 않는다. 학문을 가르치면서도 몸소 실천하지 않는다면 구두선口頭禪이 될 것이고, 사업을 하면서도 덕을 베풀 생각을 하지 않는다면 그 사업은 한때 눈앞에 피었다가 지는 꽃같이 되고 말 것이다讀書, 不見聖賢, 爲鉛槧傭. 居官, 不愛子民, 爲衣冠盜. 講學, 不尙躬行, 爲口頭禪. 立業, 不思種德, 爲眼前花."

땅을 따르며 하늘을 섬기는 게 양생이다

무릇 생생하게 살아 있는 생물은 모두 '기를 양養' 자에 의지하지 않을 수 없다. 하늘이 만물을 낳고 땅이 이것들을 기르는 것은 말할 필요도 없이 당연한 일이다. 사람은 바로 땅의 기를 받는 정수라고 할 수 있다. 이렇게 만물의 영장인 나는 정좌를 하며 하늘로부터 받은 이 기氣를 기르느라 정신수양을 하고, 운동을 하며 몸을 기르고 마음과 몸이 서로 도와가며 나라는 생명을 기르도록 하고 있다. 때문에 만물을 기르는 땅을 따르며 만물을 낳은 하늘을 섬기는 것이다. [언지만록 275조]

홍로점설紅爐點雪

사람이 사욕을 억제하기 어려운 까닭은 뜻이 아직 서지 않은 탓이다. 뜻을 세우면 욕망은 정말로 빨갛게 달아오른 화로 위의 한 점 눈처럼 찰나에 사라지고 마는 홍로점설紅爐點雪이다. 고로 입지란 위로는 도리를 구명하고 아래로는 일상다반사까지 그 모두 방면에서 철두철미하게 수양하는 것이다. 〔언지질록 24조〕

자신을 이기는 극기는 대충대충 하지 말라

  자신의 타고난 기질을 파악하는 일은 자신을 이기는 법을 궁리하는 것이다. 말하는 것도 침묵하는 것도 움직이는 것도 멈추는 것도, 모두가 극진하고 화평하고 온화하고 느긋해야 한다. 대충대충 얼버무려서도, 극렬해서도, 성급해서도 안 된다. 〔언지질록 39조〕

  〔拾遺〕『여씨춘추呂氏春秋』「선기先己」는 "남을 이기고자 하는 자는 반드시 우선 스스로의 욕망을 이겨야 한다欲勝人者, 必先自勝"고 합니다.

정직을 마음의 각주로 삼아라

사람이 이 세상에서 산다는 것은 곧바로 정직해야 한다는 말이다. 이 말을 잘 곱씹어 마음의 각주로 삼아라. [언지질록 58조]

〔拾遺〕『논어』「옹야」편 제17장에서 공자가 이렇게 말하였습니다.

"사람의 삶은 정직해야 한다. 정직하지 않은 삶은 요행히 화나 면하는 것이다人之生也直, 罔之生也, 幸而免."

신독

  늘 마음을 바르게 가져 덕성을 닦는 거경居敬의 수양에는 홀로 있을 때 삼가 도리에 어긋나지 않도록 노력하는 신독愼獨이 가장 중요하다. 사람이 있으니까 삼가 조심한다면 곧바로 사람이 없을 때는 삼가 조심하지 않을 것이다. 사람이 없을 때 스스로 삼가 조심하면 곧바로 사람이 있을 때는 더더욱 삼가 조심하지 않겠는가. 그래서 『시경』 「대아」에서는 "집안에서 가장 깊숙하여 사람의 눈에 띄지 않는 옥루屋漏에 있을 때 부끄럽지 않다"고 하였고, 정자程子는 "배움은 어두운 곳에서 사기를 치지 않는다學始於不欺闇室"라고 하였는데, 이는 모두 신독이 중요함을 가르쳐주고 있다. 〔언지질록 91조〕

수양이라는 집에서 성誠은 기둥이요, 경敬은 용마루이다

수양할 때 진심으로 성실한 성誠은 마치 집을 지을 때 토대를 잘 닦고 기둥을 세우는 것과 같으므로 근본을 세우는 수양의 세로축이다. 항상 몸과 마음을 삼가며 바르고 공손한 경敬은 용마루와 서까래를 놓은 것과 같으므로 수양의 가로축이다. [언지질록·99조]

[拾遺] 『중용』은 성誠을 이렇게 말합니다.

"성誠은 하늘의 도이며 성실해지려고 함은 사람의 도이다. 성실한 사람은 힘쓰지 않아도 딱 들어맞고 생각하지 않고도 파악할 수 있어서 차분하게 도에 맞으니 성인이다. 성실해지려고 하는 사람은 선한 것을 택해서 굳게 그것을 잡는 사람이다. 성실해지려고 하는 사람은 폭넓게 배우고 자세하게 묻고 신중하게 생각하며, 분명하게 변별하고, 돈독하게 행하여야 한다誠者, 天之道也; 誠之者, 人之道也. 誠者不勉而中, 不思而得, 從容中道, 聖人也. 誠之者, 擇善而固執之者也. 博學之, 審問之, 愼思之, 明辨之, 篤行之. 誠天道."

무엇이든 뚫는 예리한 칼날처럼
지조를 벼려라

견고한 지조는 예리한 칼날과 같아 그 무엇이든 관통할 수가 있다. 때문에 그 어떤 세태에도 영합하거나 남의 기분에 알랑거리거나 하지 않는다. 사마천의 『사기』「범수열전范雎列傳」에서 "철검이 예리한 것처럼 철의 의지를 지닌 채 행동하면 배우가 어떤 교묘한 재주를 부린들 미혹되지 않는다"고 하였는데 아마도 이러한 의미에 다름 아닐 것이다. 〔언지질록 142조〕

〔拾遺〕『역경』「계사전」은 "지조를 잃은 사람은 그 말이 비굴하다 失其守者, 其辭屈"라고 합니다.

부귀는 마음속에 있지 재물에 있지 않다

물건이 남아돌면 부富라고 하는데, 이러한 부를 바라는 마음
이 곧 빈貧이다. 물건이 부족하면 빈이라고 하는데 이 빈에 만
족할 줄 아는 마음이 부다. 부귀는 마음속에 있지 재물에 있지
않다. 〔언지질록 143조〕

〔拾遺〕『채근담』에 이런 말이 있습니다.

"마음이 넓으면 많은 봉록도 질그릇과 같다心曠則萬鍾如瓦缶."

또 『역경』에는 이런 말도 있습니다.

"귀한 신분으로서 천한 사람에게 몸을 낮추니, 크게 민심을 얻는
다以貴下賤, 大得民也."

지혜는 인생이라는 배의 키와 노 같다

배에 키와 노가 없다면 산과 바다를 건널 수가 없듯이, 지혜
가 없으면 세상의 망망대해를 헤쳐 나갈 수가 없다. 문을 열쇠
로 잠가놓으면 도둑이 물건을 훔쳐갈 수가 없듯이 견고한 뜻이
있으면 어떠한 세간의 유혹에도 흔들리지 않는다. 〔언지질록 146조〕

〔拾遺〕『위지魏志』「병원전邴原傳」은 "구름 속의 백학은 메추라기를
잡는 그물로는 잡을 수 없다雲中白鶴, 非鶉鷃之網所能羅矣"라고 하였습니
다. 뜻이 굳고 덕이 높은 사람은 세간의 하찮은 유혹에 쉬이 빠지지
않는 법이지요.

물이 흐르면 도랑이 생기고
과실이 익으면 꼭지가 떨어진다

『중용』제20장에 "모든 일은 미리 대비하면 이루어지고 미리 대비하지 않으면 폐기되어 버린다凡事豫則立, 不豫則廢"라고 하였는데, 올바른 말이다. 이 말을 가정에도 국가에도 적용하는 게 좋다. 송나라 시인 범성대范成大는 "물이 흐르면 도랑이 생기고, 과실이 익으면 꼭지가 떨어지기 마련"이라고 노래하였는데, 도리를 터득한 시구이다. 자신의 몸을 수양하는 데 적용할 수 있는 말이다. 〔연지질록 147조〕

군자는 스스로를 속이지 않는다

스스로 박학다식하다고 자만하는 것은 얕음을 감추지 못하는 사람이나 하는 짓이다. 스스로 지나치게 겸손하면 남들에게 아첨하는 사람이나 마찬가지다. 하지만 스스로 속이지 않는 사람은 군자이고, 성실한 사람이다. 〔언지질록 177조〕

〔拾遺〕『논어』「공야장」편 제24장에서 공자는 말하였습니다.

"듣기 좋게 말을 꾸며대고 보기 좋게 얼굴빛을 꾸미며 지나치게 공손한 것은 좌구명이 부끄럽게 여겼다고 하는데 나도 또한 이를 부끄럽게 여긴다. 원한을 감추고 그 사람과 벗하는 것을 좌구명이 부끄럽게 여겼다고 하는데, 나 또한 부끄럽게 여긴다子曰: 巧言, 令色, 足恭, 左丘明恥之, 丘亦恥之. 匿怨而友其人, 左丘明恥之, 丘亦恥之."

마음속 뜬구름을 걷어치우면
인생이 맑게 갠다

비난, 명예, 성공, 실패는 정말로 인생의 뜬구름과 같은데 사람을 곧잘 혼미하게 한다. 마음속에서 흘러 다니는 그 뜬구름을 걷어치우면 인생이 진짜로 맑고 푸르게 갠다. 〔언지질록 216조〕

〔拾遺〕일본 막말에서부터 메이지 시대에 활약했던 정치가이자 검객으로 유명한 야마오카 뎃슈山岡鐵舟는 다음과 같은 시를 남겼습니다.

"맑아도 좋고, 흐려도 그만이라네, 후지산의 원래 얼굴은 변하지 않을 테니晴れてよし, 曇りてもよしの, 富士のやま, もとの姿は「わらざりけり."

어쨌든 자신에 대해 남이 하는 말을
거울로 삼아라

   자신은 자기 자신의 얼굴이 추한가, 아름다운가를 알지 못한
다. 반드시 거울에 비추어본 후에야 알 수가 있다. 남이 자신을
헐뜯거나 칭찬하거나 하는 일은 바로 거울에 비추어진 자신의
그림자와 같으므로 자기 자신으로서는 이익이 된다. 그런데 요
즘은 늘 거울을 보는 탓에 자신이 어떻게 말해지든 간에 신경을
쓰지 않는다. 거울에 비추어진 자신의 그림자도 인정하지 못하
는 꼴이다. [언지질록 219조]

5장

—

배움은 평생
지고 가야 할 짐이다:

학문에 관하여

하늘을 스승으로 삼아라

가장 뛰어난 사람은 하늘을 스승으로 삼고, 그 다음으로 뛰어난 사람은 훌륭한 인물을 스승으로 삼고, 그 다음으로 뛰어난 사람은 책(경전)을 스승으로 삼는다. 〔언지록 2조〕

〔拾遺〕 하늘이라는 '자연'을 가장 훌륭한 스승이라고 합니다. 하늘을 '우주의 진리'라고 할 수도 있겠지요. 기독교인들은 창조주神라고 생각할 것입니다. 일본 근대문학의 문을 연 나쓰메 소세키夏目漱石, 1867-1916년는 "자아를 버리고 하늘을 따른다則天去私"고 말한 적이 있는데, 이 말 역시 같은 의미의 하늘일 것입니다. 즉 우주 자연의 보편적 진리는 공평하고 보편타당하죠. 그래서 가장 뛰어난 사람은 하늘을 스승으로 삼아 가르침을 받고, 그 다음으로 성인과 책을 선생으로 삼습니다. 물론 성인과 책에게서 배우는 것도 중요합니다만, 사람마다 호불호가 다르게 마련이기에 만인의 스승으로 삼기에는 어려움이 있을 것입니다. "머리 위 하늘에서 반짝이는 별, 내 마음속에

서는 빛나는 도덕률"이 있다는 칸트의 정언명령이 생각나는군요. 이는 사토 잇사이가 사숙을 한 왕양명王陽明의 '양지良知' 즉 '가슴에 손을 놓고 생각해 보라'는 우리네 말과 같을 것입니다.

발분은 대성의 주춧돌이다

발분發憤의 '분憤' 자야말로 학문을 하기 위한 최고의 주춧돌이다. 안연顔淵이 "순 임금은 어떤 사람이고 나는 어떤 사람인가? 노력하는 사람이라면 순 임금과 같아질 것이다"라고 말한 까닭도 역시 발분을 강조하기 위해서였다. 〔언지록 5조〕

〔拾遺〕 스스로 발분하여 하는 공부야말로 참된 공부란 말일 겁니다. 그래서 주희는 『근사록』에서 "가난과 천함, 근심과 걱정은 옥을 다듬듯이 너를 훌륭하게 만든다貧賤憂戚, 庸玉汝於成也"고 하였습니다. 사마천의 『사기』는 사마천이 궁형의 치욕을 당한 뒤 발분하여 쓴 역사서로 유명하지요. 예로부터 『역경』 「계사전」에 이르기를, "자벌레가 몸을 굽히는 것은 몸을 펼 것을 추구하기 위해서이다尺蠖之屈, 以來信也"라고 했던 것처럼 인간이 겪는 한때의 불우한 처지는 뒷날 발전의 기초가 되기 마련입니다.

여행도 실학이다

산에 오르고 바다와 강을 건너 몇 십 리, 몇 백 리를 여행하면서 때로는 노숙에 잠을 못 이루고 먹을거리가 없어 시장기를 느껴보고 때로는 옷이 없어 추위에 떨어보라. 이것이야말로 실제의 학문實學을 살아나게 한다. 아무 일도 하지 않으면서 밝은 창가에 깨끗한 책상을 놓고 향을 피워 책을 읽는 것보다 실제적인 힘을 얻는 게 적지 않을 것이다. [언지록 58조]

사람은 왜 배워야 하는가

인간의 본성은 모두 같지만 기질은 서로 다르다. 기질이 사람마다 다르기에 교육이 필요하다. 본성이 같기에 교육의 성과를 올릴 수가 있다. 〔언지록 99조〕

〔拾遺〕 중국에서 아동들에게 문자를 가르치는 데 사용한 대표적인 교과서인 『삼자경』에 다음과 같은 구절이 있습니다.

"사람은 태어나면서 본래 성품은 선한 것이었다. 본성은 서로 비슷하여 큰 차이가 없었지만, 습관에 의해 자꾸 멀어져 사람마다 그토록 차이가 생기게 된 것이다人之初, 性本善. 性相近, 習相遠."

또 공자께서는 『논어』 「양화陽貨」편 제2장에서 이렇게 말씀하셨습니다. "타고난 본성은 서로 비슷하지만, 습성에 따라 서로 멀어지게 된다性相近也, 習相遠也."

사람의 본성은 큰 차이가 없지만 학문과 수양을 어떻게 하는가에 따라 차이가 나게 된다는 말이지요.

실제의 일을 학문의 각주로 삼아라

모든 경서를 읽을 때에는 반드시 자신이 경험한 세상사와 사건을 경서의 각주로 삼을 줄 알아야 한다. 자신이 실제의 일을 처리할 때는 반드시 성현의 말씀을 각주로 삼아야 한다. 이렇게 하면 실제와 도리가 일치해, 학문은 결코 일상생활과 동떨어진 게 아니라는 것을 알 수가 있다. 〔언지록 140조〕

죽은 독서

어느 덕망이 있는 한 노인이 독서를 좋아한다. 식사를 하는
것 이외는 서적을 손에서 떼어놓은 적이 없는 생활을 하다 보니
어느새 그러한 노인이 되어버렸다. 사람들은 모두 그를 학문에
열심인 사람이라고 칭찬한다. 하지만 나는 그런 사람은 아마도
일을 마무리하지 못할 것이라고 본다. 그는 언제나 마음을 서적
에 집중시키지 몸에 두려고 하지 않는다. 인간의 다섯 가지 감
각기관인 오관五官, 눈·귀·코·혀·피부은 어느 것에도 차별을 두지 않
고 균등하게 사용해야 한다. 그런데 그는 마음을 눈에만 집중시
키기 때문에 특히나 눈만이 피로하고 거기에 따라서 정신 역시
도 어두워진다. 이렇게 해서는 설령 그 얼마나 독서를 한들 결
코 깊은 깨달음을 스스로가 얻어낼 수가 없다. 단지 마음을 서
적 위에 두고 있을 뿐이다. 덧붙여 공자는 『논어』 「이인」편에서
"군자는 밥 먹는 순간에도 인을 어기지 말아야 하고 아무리 급

한 때라도 반드시 인에 근거해야 하고, 위태로운 순간일지라도 반드시 인에 근거해야 한다君子無終食之間違仁, 造次必於是, 顚沛必於是"고 가르쳤다. 생각해 보자. 이 노인은 평생 동안 서적을 손에서 떼어놓지 않았지만 마음은 제멋대로인 상태가 되어버렸다. 이것으로 '인仁'에 이르렀다고는 할 수 없는 것 아닌가. [언지록 145조]

〔拾遺〕『한산시寒山詩』에 '책상물림'에 관한 시가 한 수 있습니다.

"기품 있고 온화하고 잘생긴 소년이여, 모든 경전과 역사책을 두루 읽었네. 하나같이 그 사람을 선생이라 부르고 세상에선 다 학자라고 일컫네. 그러나 벼슬자리 하나 얻지 못했고 쟁기와 보습을 잡고 밭 갈고 김매기도 할 줄 모르네. 한겨울에도 떨어진 베적삼이나 입으니, 아아, 모두 책이 그의 몸을 그르친 것이라네雍容美少年, 博覽諸經史. 盡號曰先生, 皆稱爲學士. 未能得官職, 不解秉耒耜. 冬披破布衫, 蓋是書誤己."

공자의 학문은 오로지 실천궁행이다

　공자의 학문은 오로지 배운 바를 몸소 실천하는 궁행躬行에 있다. 공자의 제자들이 묻는 항목은 모두 자기 자신이 스스로 이루지 않으면 안 되는 것을 들고 있다. 후세의 사람들이 경전을 들고 질문을 하는 것과는 다르다. 그래서 공부자孔夫子, 공자 선생님는 대답도 질문하는 사람들마다 다르게 한다. 대부분 치우쳐 있는 곳을 바로 잡아주고, 결점이나 폐해를 바로 고쳐주고, 도가 지나친 곳은 없애주고, 단점을 보충하여 정도正道를 걷게 한다. 예를 들어 말하면 좋은 의사가 병의 증상에 따라 알맞은 약을 조제하는 것이나 마찬가지다. 병의 증상은 환자마다 다를 것이기에 거기에 따른 처방약도 달라야만 하지 않은가. 맹의자孟懿子, 맹무백孟武伯, 자유子游, 자하子夏 등이 모두 똑같이 효에 대해 질문하였지만 공자의 대답은 네 사람 각자마다 모두 달랐다. 이를 보면 당시의 학문이 얼마나 실천궁행과 개성의 존중을 중시했

는지를 상상할 수가 있다. [언지록 234조]

〔拾遺〕『논어』「위정」편 제5장부터 제8장까지 효에 대한 공자의
말씀이 나옵니다.

맹의자가 효에 대해 묻자 공자께서는 말씀하셨다.

"어긋남이 없는 것이다."

번지가 수레를 몰고 있을 때 공자께서 그에게 그 일을 말씀하셨다.

"맹손씨가 나에게 효에 대해 묻기에 '어긋남이 없는 것이다'라고 대
답하였다."

번지가 여쭈었다. "무슨 뜻으로 말씀하신 것입니까?"

공자께서 말씀하셨다.

"살아 계실 때에는 예의를 갖추어 섬기고 돌아가신 후에는 예법에
따라 장례를 치르고 제사를 지내라는 것이다."

孟懿子問孝. 子曰: "無違." 樊遲御, 子告之曰: "孟孫問孝于我, 我對曰
'無違'." 樊遲曰: "何謂也?" 子曰: "生, 事之以禮; 死, 葬之以禮, 祭之以
禮."

맹부백孟武伯이 효에 대해 묻자 공자는 이렇게 말씀하셨다.

"부모님께서는 오직 자식의 질병만을 근심하신다."

孟武伯問孝. 子曰: "父母唯其疾之憂." 父母唯其疾之憂.

자유가 효에 대해 묻자 공자께서 말씀하셨다.

"요즘의 효라는 것은 부모를 물질적으로 봉양할 수 있는 것을 말한다. 그러나 개나 말조차도 모두 먹여 살리기는 하는 것이니, 공경하지 않는다면 짐승과 무엇으로 구별하겠는가?"

子游問孝. 子曰:"今之孝者, 是謂能養. 至于犬馬, 皆能有養; 不敬, 何以別乎?"

자하가 효에 대해 묻자 공자께서 말씀하셨다.

"항상 밝은 얼굴로 부모를 대하는 일이 어렵다. 일이 있을 때는 아랫사람이 그 수고로움을 대신하고 술이나 음식이 있을 때는 윗사람이 먼저 드시게 하는 것을 가지고 효도라고 할 수 있겠느냐?"

子夏問孝. 子曰:"色難. 有事弟子服其勞, 有酒食先生饌, 曾是以爲孝乎?"

경서의 문자에 얽매이지 말고
마음을 담아 읽어라

경서의 문자는 쉬운 문자를 가지고 주석을 달며 설명하는 게 좋다. 그 의미와 내용이라는 것은 자신의 마음을 거기에 주입하는 것에 의해서 체득할 수 있다. 즉 문자에 집착해서는 뜻을 이해할 수가 없다. 〔언지록 235조〕

〔拾遺〕 왕양명은 『전습록傳習錄』에서 "공부는 반드시 마음의 본체에 대해 알고자 노력하여야 한다. 모든 것을 알 수가 없고 행할 수 없는 것은 반드시 돌이켜 자기 마음에 합당하도록 제찰하면 곧 통달할 수 있다. 사서오경도 다만 마음의 본체에 대하여 해설한 데 불과한 것이다須於心體上用功, 凡明不得, 行不去, 須反在自心上體當即可通. 蓋四書五經, 不過說這心體"라고 말했습니다.

맹자의 세 가지 독서법

독서법으로는 맹자의 세 가지 말을 배울 만하다. 첫째 자신의 마음으로 작가의 정신이 있는 곳을 맞아들여야만 한다. 둘째, 책을 비판적으로 읽으면서 그 일부는 믿되 전부를 믿지 않는다. 셋째 작가도 사람이란 것을 알고 그 당시의 사회적 배경을 궁리해 가면서 읽는다. 〔언지록 239조〕

〔拾遺〕 맹자는 『맹자』 「만장상萬章上」에서 "시詩를 해설하는 사람은 문자에 얽매여서 말을 오해해서는 안 된다. 말에 얽매여서 지은이의 본래 의도를 오해해서는 안 된다. 자신의 생각으로서 지은이의 본래 의도를 헤아려야 제대로 이해할 수 있다故說詩者, 不以文害辭, 不以辭害志. 以意逆志, 是爲得之"라고 말하였습니다.

「진심하盡心下」편에서는 "서경의 내용을 전적으로 믿는다면 오히려 책이 없는 편이 더 낫다. 나는 서경의 무성 중에서 두세 구절만을 받아들일 뿐이다盡信書, 則不如無書. 吾於武成, 取二三策而已矣"고 말하였습니다.

「만장하萬章下」편에서는 "옛사람이 지은 시를 외우고 옛사람이 지은 책을 읽으면서도 옛사람에 대해서 알지 못한다면 되겠는가? 그런 까닭에 그들이 살았던 시대에 대해 이야기를 하는 것이다. 이것이 곧 위로 올라가 옛사람을 벗으로 삼는 것이다頌其詩, 讀其書, 不知其人, 可乎? 是以論其世也. 是尙友也"라고 하였습니다.

배움은 평생 지고 가야 할 짐이다

배움은 우리들이 일평생 떠맡아 지고 가야 할 짐이기 때문에 마땅히 죽을 때까지 노력해야만 한다. 도道는 원래부터 그 끝이 없는 것이기에 요임금과 순임금과 같은 성인의 더없는 선행에서도 도의 전부를 다할 수가 없었다. 공자는 열다섯 살에 학문에 뜻을 두고 일흔 살이 될 때까지 10년마다 자신의 진보한 학문의 경지를 스스로 깨달으면서 학문에 매진하느라 나이를 먹어가는 것도 느끼지 못했다. 만약 공자가 여든 살, 아흔 살을 넘어 백 살까지 장수하였더라면 그 지덕은 더욱더 앞으로 나아가 신명神明의 경지에 이르렀을지도 모른다고 상상해도 무리는 아닐 것이다. 무릇 공자를 스승으로 삼고 배우는 사람은 당연히 끊임없이 스스로 노력하는 공자의 뜻을 자신의 뜻으로 삼을 줄 알아야 한다. 〔분세이文政 11년1828년 9월 9일 사토 잇사이 57세에 쓰다〕

〔언지후록 1조〕

안의 지혜와 밖의 지혜

모든 가르침은 밖에서부터 오는 것이고 지혜는 안에서부터 나오는 것이다. 자신의 안에서 나온 지혜는 반드시 밖에서 바른 사실로 실증을 해보아야만 하고, 또한 밖으로부터 온 가르침은 마땅히 자신이 그 옳고 그름을 안에서 궁리를 해보아야만 한다.

〔언지후록 5조〕

〔拾遺〕 공자는『논어』「술이」편 제8장에서 이렇게 말하였습니다.

"배우려는 열의가 없으면 이끌어주지 않고, 표현하려고 애쓰지 않으면 일깨워주지 않으며, 한 모퉁이를 들어보였을 때 나머지 세 모퉁이를 미루어 알지 못하면 반복해서 가르쳐주지 않는다子曰: "不憤不啓, 不悱不發, 擧一隅不以三隅反, 則不復也."

「위정」편 제15장에서 공자는 또한 이렇게 말하였습니다.

"배우기만 하고 생각하지 않으면 막연하여 얻은 것이 없고 생각만 하고 배우지 않으면 위태롭다學而不思則罔, 思而不學則殆."

오늘 배우지 않고서도
내일이 있다고 말하지 말라

무릇 사람은 서둘러서 해야 할 일은 급히 하지 않고 서두르지 말아야 할 일은 급히 하고 마는데, 이는 모두 다 잘못이다. 가령 이 성인의 학문은 곧바로 지금 서둘러 배워야 할 일, 즉 서둘러 하면 실제로 도움이 되는 일이다. 절대로 '오늘 배우지 않고서도 내일이 있다'고 말하지 말라. 주연을 열고, 손님을 모으고, 산에 오르고, 호수에서 배를 타는 일 등처럼 마음대로 유유자적하는 일은 '오늘 하지 않아도 내일을 기약할 수 있다'고 말해도 좋다. 〔언지후록 15조〕

〔拾遺〕 주자朱子는 「권학勸學」에서 이렇게 말했습니다.

"오늘 배우지 않고서 내일이 있다고 말하지 말 것이며, 올해 배우지 않고서 내년이 있다고 말하지 말라. 날과 달은 흘러가서 세월은 나를 위하여 더디 가지 않는다. 아! 벌써 늙었구나. 아아, 이 늙음은 누구의 허물이란 말인가 勿謂今日不學而有來日, 勿謂今年不學而有來年, 日月逝矣. 歲不我延, 嗚呼老矣是誰之愆."

지행知行은 결국 사思라고 하는 글자 하나로 돌아간다

마음의 기능은 곧 '생각하는' 것이다. '생각 사思'라는 글자는 오로지 궁리한다는 것이다. 마음속으로 더욱더 깊게 생각하면 더욱더 정통해지고, 또한 더욱더 독실하게 실천하게 된다. 이 독실함을 행行이라고 하고, 이 정통함을 지知라고 한다. 지행知行은 결국 '사思'라고 하는 글자 하나로 돌아가는 것이다. 〔언지후록 28조〕

〔拾遺〕 왕양명은 『전습록』에서 지행합일知行合一 즉 '앎과 행동이 하나로 합치되어야 한다'며 다음과 같이 말했습니다. "앎이란 행동의 본의本意이며 행동이란 앎의 공부인 것이다. 앎이란 행동의 시작이며 행동이란 앎의 완성이다知是行的主意, 行是知的功夫. 知是行之始, 行是知之成." "앎이 참되고 절실하며 독실해야 할 곳이 바로 행이오. 행이 밝게 깨닫고 정세하게 살펴야 할 곳이 바로 앎이오. 앎과 행함에 대한 공부는 본시 분리시킬 수가 없는 것이오知之眞切篤實處, 即是行. 行之明覺精察處, 即是知, 知行工夫本不可離."

경敬, 순順, 간簡, 후厚 등
땅의 덕을 일상에서 실천하라

  사람은 땅에서 낳고 땅으로 돌아가므로 결국 땅을 떠날 수는
없다. 그러므로 사람은 땅의 덕을 잘 궁리해 보아야 한다. 땅의
덕은 경敬이므로 사람은 마땅히 자신을 삼가고 남을 공경해야
한다. 땅의 덕은 순順이므로 사람은 마땅히 유순해야 좋다. 땅의
덕은 간簡이므로 사람은 마땅히 질박하고 단순해야 좋다. 땅의
덕은 후厚이므로 사람은 마땅히 인정이 두터워야 한다. 〔언지후록 37조〕

  〔拾遺〕『맹자』「진심상盡心上」편에서 맹자가 말했습니다.
  "사람을 대함에 먹여주기만 하고 사랑하지 않는다면 짐승으로
사귀는 것이요, 사랑하기만 하고 공경하지 않는다면 짐승으로 기르
는 것이다. 공경하는 마음은 예물을 보내기 전에 갖추어져 있어야
하는 것이다食而弗愛, 豕交之也; 愛而不敬, 獸畜之也. 恭敬者, 幣之未將者也."

노닒도 모두 배움이다

옛날에 공자가 냇가에서 물의 흐름을 보고, "흘러가는 것은 이 물과 같으니 밤낮도 없이 흘러가는구나!逝者如斯夫! 不舍晝夜"라고 탄식했고, 어떤 어린아이가 "창랑의 물이 맑으면 나의 갓끈을 씻고, 창랑의 물이 흐리면 나의 발을 씻는다"고 노래하자 이에 감탄해 "너희들은 저 노래를 들어보아라. 맑으면 갓끈을 씻고 흐리면 발을 씻는다고 한다. 그런 차이는 모두 물이 스스로 자초한 것이다"고 하셨다. 또 공자는 무우舞雩에서 노닐다가 번지가 한 질문이 수양에 적절한 것을 칭찬하고, "너희를 알아주는 사람이 있다면 어떻게 하겠는가?"라는 공자의 질문에 증석이 "늦은 봄에 봄옷을 지어 입고, 어른 대여섯 명과 아이들 육칠 명과 어울리어, 기수沂水 강가에서 목욕하고, 하늘에 제사 지내는 곳인 무우 근처에서 바람을 쐬며 노닐다 노래하면서 돌아오고 싶습니다"라고 답하자 공자는 감탄하며 증석과 함께 하련다고 말하였다. 공자는 동산東山에 올라가 노나라를 작다고 여기셨고, 태산에 올라가 천하를 작다고 여기셨다. 이와 같이 성인이 노닒은 모두 배움이 아닌 것이 없다. [언지후록 73조]

〔拾遺〕『논어』「자한子罕」편 제16장에서 공자가 냇가에서 말하였습니다.

"흘러가는 것은 이 물과 같으니 밤낮도 없이 흘러가는구나!逝者如斯夫! 不舍晝夜."

『맹자』「이루상」편에는 다음과 같은 구절이 있습니다.

"어떤 어린아이가 '창랑의 물이 맑으면 나의 갓끈을 씻고, 창랑의 물이 흐리면 나의 발을 씻는다'고 노래했다. 공자가 그것에 대해서 '너희들은 저 노래를 들어보아라. 맑으면 갓끈을 씻고 흐리면 발을 씻는다고 한다. 그런 차이는 모두 물이 스스로 자초한 것이다'고 하셨다有孺子歌曰: '滄浪之水淸兮, 可以濯我纓; 滄浪之水濁兮, 可以濯我足.' 孔子曰: '小子聽之! 淸斯濯纓, 濁斯濯足矣, 自取之也.'"

『논어』「안연」편 제21장에서 번지가 무우舞雩에서 공자를 따라서 노닐다가 여쭈었습니다.

"감히 덕을 숭상하는 것과 악한 마음을 다스리는 것과 미혹됨을 가

려내는 것에 대하여 여쭙고자 합니다."

공자께서 말씀하셨습니다.

"훌륭한 질문이로구나! 일을 먼저 하고 이득은 뒤로 미루는 것이 덕을 숭상하는 것이 아니겠느냐? 자신의 악함을 공격하고 남의 악함을 공격하지 않는 것이 악한 마음을 다스리는 것이 아니겠느냐? 하루아침의 분노로 자기 자신을 잃고 그 화가 부모님에게까지 미치게 한다면 미혹됨이 아니겠느냐?"

樊遲從游于舞雩之下, 曰:"敢問崇德, 修慝, 辨惑." 子曰:"善哉問! 先事后得, 非崇德與? 攻其惡, 無攻人之惡, 非修慝與? 一朝之忿, 忘其身, 以及其親, 非惑與?"

맹자는 『맹자』 「진심상」편에서 이렇게 말했습니다.

"공자께서 동산東山에 올라가 노나라를 작다고 여기셨고, 태산에 올라가 천하를 작다고 여기셨다. 그러므로 바다를 본 사람의 경우 어지간한 강물은 그의 관심을 끌 수 없고 성인의 문하에서 배운 사람의 경우 어지간한 말은 그의 관심을 끌 수가 없다. 물을 보는 데는 방법이 있으니 반드시 그 물결을 보아야 한다. 해와 달은 빛을 지니고 있어서 그 빛을 받아들일 곳이면 반드시 비춘다. 흐르는 물은 빈 웅덩이를 채우지 않고는 나아가지 않는다. 군자가 도를 추구함에 있어서도 일정한 성취를 이루지 않으면 통달된 경지에 이르지 못한다 孔子登東山而小魯, 登太山而小天下. 故觀於海者難爲水, 遊於聖人之門者難爲言.

觀水有術, 必觀其瀾. 日月有明, 容光必照焉. 流水之爲物也, 不盈科不行; 君子之志於道

也, 不成章不達."

『논어』「선진」편 제25장에는 증점과 공자의 대화가 나옵니다.

자로, 증석, 염유, 공서화가 공자를 모시고 앉아 있을 때, 공자께서 말씀하셨다.

"내가 너희들보다 나이가 조금 많기는 하지만, 그런 것을 의식하지 말고 얘기해 보아라. 평소에 말하기를 '나를 알아주지 않는다'라고 하는데, 만일 너희를 알아주는 사람이 있다면 어떻게 하겠는가?"

자로가 불쑥 나서면서 대답하였다.

"수레 천 대를 낼 수 있는 제후의 나라가 큰 나라들 사이에 끼어 군대의 침략을 받고 그로 인하여 기근까지 겹쳐 있다 하더라도, 제가 그 나라를 다스려 거의 삼 년이면, 백성들을 용감하게 만들고, 또 그들로 하여금 올바른 도리를 실천할 줄 알도록 만들겠습니다.

공자께서 빙긋이 웃으셨다.

"구(염유)야, 너는 어찌하겠느냐?" 염유가 대답하였다.

"사방 육칠십 리 또는 오륙십 리 되는 곳을 제가 다스린다면, 대략 삼 년이면 백성들을 풍족하게 할 수 있을 것입니다. 다만 예악에 대해서는 저보다 뛰어난 군자의 힘을 빌리고자 합니다."

"적(공서화)아, 너는 어찌하겠느냐?" 공서화가 대답하였다.

"제가 이런 일을 잘할 수 있다고 말하는 것이 아니라, 배우고자 하는 것입니다. 종묘의 제사나 임금들이 회합을 할 때에, 검은 예복과 예관을 쓰고, 작은 일이나마 돕고자 합니다."

"점(증석)아 너는 어찌하겠느냐?"

거문고琴를 타는 소리가 점차 잦아들더니, 뎅그렁 하며 거문고를 밀어놓고 일어서서 대답하였다. "세 사람이 이야기한 것과 다릅니다."

공자께서 말씀하셨다.

"무슨 상관이 있겠느냐? 또한 각기 자기의 뜻을 말한 것이다."

증석이 말하였다.

"늦은 봄에 봄옷을 지어 입고, 어른 대여섯 명과 아이들 육칠 명과 어울리어, 기수沂水 강가에서 목욕하고, 하늘에 제사 지내는 곳인 무우 근처에서 바람을 쐬며 노닐다 노래하면서 돌아오고 싶습니다."

공자는 감탄하시며 말씀하셨다.

"나는 점과 함께 하련다."

세 사람이 나가고 증석이 뒤에 남았다. 증석이 여쭈었다.

"저 세 사람의 말이 어떻습니까?" 공자께서 말씀하셨다.

"또한 각각 자기의 뜻을 이야기했을 뿐이다."

"선생님께서는 무엇 때문에 유의 말에 미소를 지으셨습니까?"

"나라는 당연히 예로 다스려야 하는데도, 자로는 도리어 조금도 겸손하지 않았기에 그를 보고 웃은 것이다."

"구의 경우는 나라를 다스리는 것이 아니지 않습니까?"

"어찌 사방 육칠십 리 또는 오륙십 리인데 나라가 아니라고 생각하는 것이냐?"

"적의 경우는 나라를 다스리는 것이 아니지 않습니까?"

"종묘의 일과 천자 알현하는 일이 제후의 일이 아니고 무엇이겠느냐? 적의 일을 작은 일이라고 한다면 누구의 일을 큰일이라고 할 수 있겠느냐?"

子路, 曾晳, 冉有, 公西華侍坐. 子曰:"以吾一日長乎爾, 毋吾以也. 居則曰:'不吾知也!'如或知爾, 則何以哉?"子路率爾而對曰:"千乘之國, 攝乎大國之間, 加之以師旅, 因之以饑饉; 由也爲之, 比及三年, 可使有勇, 且知方也."夫子哂之. "求!爾何如?"對曰:"方六七十, 如伍六十, 求也爲之, 比及三年, 可使足民. 如其禮樂, 以俟君子." "赤!爾何如?"對曰:"非曰能之, 願學焉. 宗廟之事, 如會同, 端章甫, 願爲小相焉." "點!爾何如?"鼓瑟希, 鏗爾, 舍瑟而作. 對曰:"異乎三子者之撰."子曰:"何傷乎? 亦各言其志也."曰:"莫春者, 春服旣成. 冠者伍六人, 童子六七人, 浴乎沂, 風乎舞雩, 詠而歸."夫子喟然嘆曰:"吾與點也!"三子者出, 曾晳后. 曾晳曰:"夫三子者之言何如?"子曰:"亦各言其志也已矣."曰:"夫子何哂由也?"曰:"爲國以禮, 其言不讓, 是故哂之." "唯求則非邦也與?" "安見方六七十如伍六十而非邦也者?" "唯赤則非邦也與?" "宗廟會同, 非諸侯而何? 赤也爲之小, 孰能爲之大?"

학문은 간난신고의 끝에서야
열매를 맺는다

공자는 제나라에 가서 성왕 순이 지은 음악인 소韶를 듣고 배웠으며 기杞나라에서는 하나라의 연중행사가 쓰여진 하시夏時를 얻고 송나라에서는 음양의 일을 기록한 건곤乾坤을 얻고 주나라를 돌아보고는 번성했던 옛날과 쇠락한 오늘날을 비교하며 감개무량에 빠졌다. 사람들 눈에 띄지 않기 위해 비목을 하고 송나라로 향하다 진채陳蔡의 들판에 갇혀 곤욕을 치렀다. 위衛나라, 정鄭나라, 초楚나라에 갔지만, 어디에서도 중용을 받지 못하였다. 성인의 학문은 먼 곳을 떠돌며 이런저런 간난신고를 겪은 후에야 그 열매를 얻는 경우가 많다. 〔언지후록 74조〕

〔拾遺〕불교 최초의 경전인 『숫타니파타』는 성인을 이렇게 이야기하고 있습니다.

"홀로 걸어가고, 게으르지 않으며 비난과 칭찬에도 흔들리지 않고 소리에 놀라지 않는 사자처럼, 그물에 걸리지 않는 바람처럼, 진흙에 더럽히지 않는 연꽃처럼 남에게 이끌리지 않고 남을 이끄는 사람, 현자들은 그를 성인으로 안다."

그리고 또 이런 말이 있습니다.

"역경과 곤궁은 호걸을 단련하는 하나의 용광로와 망치이다. 능히 그 단련을 받아들인다면 곧 심신에 다 유익하겠고, 그 단련을 받아들이지 않는다면 심신에 모두 손해가 되리라 橫逆困窮, 是煆煉豪傑的一副鑪錘. 能受其煆煉, 則身心交益. 不受其煆煉, 則身心交損."

종이 위의 도학자

성인이나 현인의 가르침을 강의하거나 설명하거나 하지만 그
것을 스스로 실천궁행할 수 없으면 그러한 사람을 말뿐인 성현
이라고 한다. 나는 이것을 듣고 우선 마음이 부끄러워 놀랄 뿐
이다. 송나라 시대의 유학자는 학문을 논하거나 변설을 하지만
그것을 몸으로 실천하지 않은 자를 '종이 위의 도학자'라고 말
하였다. 나는 이것을 듣고 다시 한 번 오싹해 두려워할 뿐이다.

[언지후록 77조]

학學과 문問

'학學'이라 함은 옛사람의 주석을 지금과 비교해 맞추어보는 것이다. 문問이라 함은 스승과 친우에게 캐어묻는 것이다. 사람들은 모두 이를 잘 알고 있다. 그러나 학은 반드시 스스로 실천을 해야 하고, 또 문은 반드시 자신의 마음으로 캐어물으며 성찰을 하는 게 가장 중요함을 과연 몇 명이나 알고 있을까? 〔언지후록 84조〕

〔拾遺〕『중용中庸』에서는 성誠을 익히는 방법으로 박학博學·심문審問·진사愼思·명변明弁·독행篤行, 이 다섯 가지를 들고 있습니다.

살아 있는 학문과 죽은 학문

도는 원래 살아 있는 것이고 학문도 또한 살아 있는 것이다. 그런데 유생이 경서를 해석할 때 그 산 학문을 못으로 딱딱하게 박아버린다든지 밧줄로 꽁꽁 묶어 움직일 수 없도록 속박하고 만다. 그래서 살아 있는 도도, 살아 있는 학문도 거의 죽은 거나 다름없게 되어버린다. 그러므로 반드시 그 못을 재빨리 뽑아내고 밧줄을 풀어내 도와 학문을 소생하게 해주어야 한다. [언지후록 102조]

학문은 자기 자신을 위해서 하는 것이다

폐해를 고치려는 말은 반드시 다른 폐해를 낳기 마련이다. 오로지 학문은 자신의 수양을 위해 하는 것임을 꼭 알아야만 한다. 학문은 자신을 위해 하는 것임을 아는 이는 반드시 이를 자신에게서 찾는데 이것이 정신수양의 학문이다. 이 정신수양의 힘을 얻으면 마땅히 스스로 깨달음을 얻는 데 맡기는 게 좋다. 그러면 사소하게 틀린 점이 있어도 특별히 큰 지장을 초래하지 않는다. 〔언지후록 119조〕

〔拾遺〕『논어』「헌문憲問」편 제25장에서 공자가 말하였습니다.

"옛날에 배우고자 하는 사람은 자신의 수양을 위하여 공부하였으나, 요즘 배우는 사람들은 다른 사람에게 인정받기 위해 공부한다古之學者爲己, 今之學者爲人."

지행합일

앎^知은 실천^行을 주재하기에 하늘의 도다. 실천은 앎으로부터 나오기에 땅의 도^{地道}다. 이 두 가지가 만나 우리들의 몸을 형성하고 있기에 '앎과 실천^{知行}'은 둘이면서도 하나이고 하나이면서도 둘이다. 〔언지후록 127조〕

〔**拾遺**〕 중국 남북조 시기 송나라의 범엽이 지은 『후한서^{後漢書}』 「조일전^{趙壹傳}」은 "책이 뱃속에 가득 찼을 만큼 박식할지라도 실천하지 않으면 한 주머니의 돈보다 가치가 없다^{文籍雖滿腹, 不如一囊錢}"라고 하였습니다.

독서와 작문

독서를 하는 경우에는 마음을 맑게 하고 정좌를 한 채 느긋한 마음으로 하는 게 좋다. 그러면 얻을 것이 있을 것이다. 세상에는 일시에 다섯 줄을 곧장 읽을 수 있는 사람도 있다고 하는데 그 독서하는 마음이 너무나 성급한 게 아닌가? 또 작문을 하는 경우에는 생각을 잘 가다듬고 문장을 써야 한 자의 소홀함도 없는 완벽한 문장을 지어낼 수가 있다. 천자의 긴 문장도 즉석에서 짓는다고 하는데 어찌 그 말을 쉽게 하는가? 학문을 하는 사람은 공연히 재주꾼의 흉내를 낸다든지 화급하게 독서를 한다든지 하는 폐해에 빠지지 말아야 한다. [언지후록 135조]

무슨 일을 할 때나
살아 있는 책을 읽고 있다고 생각하라

인의예지라는 명칭은 모두 사람의 마음이 표현된 목록으로서 그중에는 전체를 부르는 것도 있고 부분을 부르는 것도 있으며 곳에 따라서는 한 지점을 가리키기도 하지만 결국은 자기 자신의 마음의 본체를 형용한 것에 지나지 않는다. 즉 인의예지, 이것들은 자신의 마음이 지금 활동하고 있는 모습이다. 지금 이렇게 말하는 것도 역시 자신의 마음에 다름 아니다. 따라서 독서를 할 때는 자신의 마음속에 있는 것이 강의를 하고 있다고 생각해야만 한다. 또한 무슨 일을 하는 경우에라도 살아 있는 책을 읽고 있다고 생각해야만 한다. 이처럼 마음과 책을 함께 고려할 줄 알아야 학문을 할 때도 얻는 게 있다. 〔언지후록 137조〕

〔拾遺〕 일본의 1만 엔권 지폐에 그려져 있는 후쿠자와 유키치福澤
諭吉, 1835-1901년가 남긴 명언들 중에 다음과 같은 '후쿠자와 유키치의
7훈七訓'이 있습니다.

(1) 세상에서 가장 즐겁고 멋진 것은 일생을 바쳐 할 일이 있다는 것이다.

(2) 세상에서 가장 비참한 것은 인간으로서 교양이 없는 것이다.

(3) 세상에서 가장 쓸쓸한 것은 할 일이 없는 것이다.

(4) 세상에서 가장 추한 것은 타인의 생활을 부러워하는 것이다.

(5) 세상에서 가장 존귀한 것은 남을 위해 봉사하고, 결코 보답을 바라지 않는 것이다.

(6) 세상에서 가장 아름다운 것은 모든 사물에 애정을 갖는 것이다.

(7) 세상에서 가장 슬픈 것은 거짓말을 하는 것이다.

글자가 없는 책을 마음으로 읽어라

학문은 스스로의 힘으로 깨우치는 '자득自得'이 중요하다. 사람들은 글자로 쓰인 책을 눈으로 읽기 때문에 문자의 제약을 받아 깊이 깨우치기 어렵다. 실로 문자가 없는 책인 세상사를 마음으로 읽을 줄 알아야 한다. 그렇게 하면 깊이 자득할 수 있을 것이다. 〔언지후록 138조〕

〔拾遺〕 주희는 『근사록』에서 "배우는 자는 스스로 터득해야 한다學者要自得"고 했습니다. 또 '독서삼도讀書三到'를 말하였습니다. 삼도란 심도心到, 안도眼到, 구도口到입니다. 즉 독서를 할 때는 마음과 눈과 입을 충분히 활용해 숙독하는 게 중요하고, 특히 '마음으로 읽는 심도'가 가장 중요합니다. 안광지배철眼光紙背撤: 눈빛이 종이를 뚫는다란 말은 자구 해석에 연연해하지 말고 책의 '참뜻을 이해하는 데 철저히 하라.'는 즉 안도眼到를 일컫는 말일 것입니다. 영어로는 'Read between the lines행간을 읽어라'라는 말이지 않을까요?

학문은 마음 심心 자,
정치는 마음 정情에 달려 있다

학문을 하는 데 가장 중요한 것은 '마음 심心' 자라는 하나의 글자에 있다. 자신의 마음을 똑똑히 헤아리고 다스리는 것을 '성인聖人의 학'이라고 한다. 나라를 다스림에 가장 주안점을 두어야 할 것은 '마음 정情'이라는 하나의 글자에 달려 있다. 인애의 정으로 사람들을 다스리는 것을 왕도王道라고 일컫는다. 왕도와 성인의 학은 하나이지 서로 다른 두 개가 아니다. 〔언지만록 1조〕

학문에는 순서가 있다

학문에는 순서가 있다. 흡사 활을 손에 들고 화살을 끼운 후 보름달처럼 당기어 화살을 쏘는 것과 같다. 곧바로 목표에 꽂히기를 바라는 것은 마치 활의 과녁을 걸어놓으면 화살이 반드시 명중하기를 바라는 마음과 같다. [언지만록 25조]

〔拾遺〕『중용』에 다음과 같은 구절이 있습니다.

공자가 다음과 같이 말씀하셨다.

"활쏘기는 군자가 자신의 행동을 되돌아볼 때와 유사하다. 활을 쏘아서 정곡을 맞추지 못하면 돌이켜 그 자신에게서 원인을 찾아야 한다."

射有似乎君子, 失諸正鵠, 反求其身.

스승은 사물의 그림자나 메아리가
되어서는 안 된다

옛날의 학자는 스스로 '덕을 세워立德' 남을 가르치고 세상을 인도하는 스승이었다. 스승은 존엄한 사람이며 스승이 말하는 길도 자연스럽게 존엄한 것이 되었다. 그런데 지금의 학자는 말만 앞세우며 말로만 남을 가르친다. 하물며 그 말이 덕으로부터 나온 것이 아니고 결국 '진짜' 사물의 그림자나 메아리에 지나지 않기 때문에 존엄한 곳이 있을래야 있을 리가 없다. 이를 스스로 반성하지 않으면 안 된다. 〔언지만록 40조〕

〔拾遺〕『좌전左傳』'양공襄公 24년'에 "가장 좋은 것은 큰 덕을 세움이고 그 다음은 큰 공을 세움이며 그 다음은 훌륭한 말을 남겨두는 것이다大上有立德, 其次有立功, 其次有立言"라고 하였습니다.

삼학계 三學戒

소년 시절에 배워두면 장년에 도움이 되어 무언가를 이룰 수 있다. 장년에 배워두면 늙어서도 기력이 쇠하지 않는다. 노년에 배워두면 죽어서도 그 이름이 스러지지 않는다. 〔언지만록 60조〕

〔拾遺〕 이 조항은 2001년 5월 고이즈미 전 총리가 교육 관련 법안을 중의원에서 심의하면서 인용한 걸로 유명합니다. 또 2001년 12월 27일 고이즈미 내각이 발행하던 〈메일매거진〉 28호에서 고이즈미 전 총리가 「1년을 되돌아보며」라는 글에서 이 조항을 인용하기도 했습니다.

『순자』「권학」편은 "나무는 먹줄을 그어야 바르고, 쇠는 숫돌에 갈아야 예리해진다 木受繩則直, 金就礪則利"라고 하였습니다. 배워야 훌륭한 사람으로 자란다는 것입니다. 또 주자의 『근사록近思錄』「위학爲學」편은 "배우지 않으면 곧 늙고 쇠약해진다 不學, 便老而衰"라고 했습니다.

미국 시인 사무엘 울만Samuel Ullman, 1840-1924년의 「청춘Youth」이란
시도 염두해 둘 만합니다.

청춘

청춘은 인생의 한 시기가 아니다.

청춘이란 마음가짐에 있다.

청춘은 장밋빛 볼에 붉은 입술, 그리고 부드러운 무릎에 있지 않으니

씩씩한 의지와 풍부한 상상력, 뜨거운 열정 이것이야말로 바로 청춘
이다.

청춘이란 인생의 깊은 샘에서 쉼 없이 솟구치는 신선함.

청춘이란

두려움을 물리치는 용기,

안일한 삶을 거부하는 모험심.

이런 마음에 든 60세 노인이야말로 20세 청년보다 더욱 청춘에 살고
있으니

사람은 나이로 늙지 않고 꿈과 희망을 잃을 때 비로소 늙어진다.

세월이 흘러 피부에 하나 둘 주름살이 패일지라도 열정으로 가득 찬
영혼은 결코 주름지지 않는다.

걱정, 의심, 좌절, 두려움 그리고 절망 이것들이야말로 기력을 쇠하
게 하고 정신을 썩어지게 하는 것.

60세든 16세든 인간의 가슴 속에는

경이에 이끌리는 마음

미지에 대한 아이 같은 왕성한 호기심

인생에 대한 흥미로움과 기쁨이 내재한다.

당신과 나의 심장 깊숙이 자리한 마음의 눈에는

보이지 않는 영혼의 무선국無線國이 굳게 자리하니

타인과 조물주로부터 아름다움, 소망, 환희, 용기, 영감을 받는 한 당신은 언제나 청춘이다.

영혼의 교감이 끊기고

당신의 정신에 냉소의 폭설이 내리고 비관의 차가운 얼음으로 뒤덮일 때,

바로 그때는 20대일지라도 인간은 늙어지며

고개를 들어 긍정의 전파를 수신하는 순간엔 비록 80세일지라도 청춘으로 남으리.

청춘은 인생의 한 시기가 아니다.

청춘은 마음가짐이다.

청춘, 청춘이란 왕성한 호기심, 풍부한 상상력, 넘치는 감수성.

경서는 자신의 일처럼 여기며
마음으로 읽어라

경서를 읽을 때는 자신의 마음으로 경서의 참뜻을 읽어야 한다. 또 경서의 참뜻을 자신의 마음으로 해석하는 게 좋다. 그렇지 않고 제멋대로 문자의 뜻과 해석만을 하면 평생을 거쳐도 경서를 읽지 않는 것과 같다. 〔언지만록 76조〕

〔拾遺〕 주희는 『소학小學』에서 정이천이 말한 다음 말을 인용하며 『논어』에 기록되어 있는 일을 자신의 일인 것처럼 생각하고 마음으로 읽어야 자연스레 깨달음이 있을 거라 합니다.

"『논어』를 읽는 자는 다만 『논어』 안에서 제자가 질문한 것을 자기의 질문으로 삼으며, 성인공자이 대답한 것을 자신이 지금 귀로 들은 것으로 삼으면 자연히 깨달음이 있을 것이다讀論語者, 但將弟子問處, 便作己問, 將聖人答處, 便昨今日耳聞, 自然有得."

안분지족은 끝이 있으나 배움은 끝이 없다

사람에게는 각자 하늘로부터 물려받은 분수가 있다는 것을 알아야만 한다. 하지만 배움은 그 어디까지 진보를 하더라도 부족하다는 것을 알아야만 한다. 〔언지만록 202조〕

〔拾遺〕 송나라의 문인 소식은, "글을 배우는 것은 급류를 거슬러 올라가는 것과 같다學書如泝急流"라고 하였습니다. 학문은 흡사 급류를 거슬러 오르듯 진보가 느리고 조금만 게으르면 오히려 떠내려가기 마련이란 말입니다.

문文, 행行, 심心은
학문을 하는 세 가지 단계이다

　배움의 도는 하나다. 그러나 학문을 하는 단계는 세 가지이다. 처음에는 옛사람의 '문장文'을 배우고, 그 다음에는 옛사람의 '행실行'을 배우면서 자신의 행동을 반성하고, 마지막에는 옛사람의 '참된 정신心'을 배운다. 그런데 곰곰이 생각해 보면 처음에 옛사람의 문장을 배워야겠다는 뜻을 세운 것은 자신의 마음에서 일어난 일이다. 그리고 마지막에 옛사람의 참된 정신을 배우겠다고 한 것은 자신이 뜻한 학문을 성숙시키겠다는 증거이다. 때문에 학문에는 세 가지의 단계가 있으나, 본래 각자가 따로따로인 게 아니라 시종일관 마음으로 마음의 학문을 하기에 세 가지 단계는 있으면서도 없다. 〔언지질록 1조〕

　〔拾遺〕『논어』「술이」제24장에 이런 구절이 있습니다.
　"공자께서는 네 가지를 가르치셨으니, 학문과 행실과 성실과 신의이다 子以四教: 文, 行, 忠, 信."

스승의 마음으로 자연스럽게
교화를 시키는 게 최고의 가르침이다

가르침에는 세 가지의 단계가 있다. 첫 번째 심교心教는 특별한 방법과 수단을 거치지 않고 스승의 마음으로 자연스럽게 교화를 시키는 것이다. 두 번째 궁교躬教는 스승의 행위 그 발자취를 모방하게 하는 것이다. 세 번째 언교言教는 스승이 말로 설득하며 이끄는 가르침이다. 공자께서는 "나는 말하지 않으려 한다予欲無言"고 하셨다. 생각해 보건대 첫 번째 심교를 가장 고귀한 가르침으로 삼고 있다. 〔언지질록 2조〕

〔拾遺〕『논어』「양화」편 제19장에서 공자가 "나는 말하지 않으려 한다予欲無言"고 하자, 자공이 "선생님께서 만약 말씀하시지 않는다면, 저희들은 무엇을 배워서 전해야 합니까?"라고 되물어 공자가 이렇게 말하였습니다.

"하늘이 무슨 말을 하더냐? 사계절이 제대로 돌아가고, 삼라만상이 생겨나지만, 하늘이 무슨 말을 하더냐?"

시집을 갈 때 입을 옷이나 짜는 것처럼
학문을 하지 말라

이 학문이라 하는 것은 자신의 덕을 기르기 위해서 하는 것이므로 마땅히 자신의 깨달음을 숭상해야 한다. 잡다한 학문을 하며 외면을 꾸미기 위해 학문을 하면 안 된다. 요즘 학문을 하는 자는 위태롭게도 학문을 하는 진짜 정신을 잊어버리고 남을 위해서 '혼수 옷嫁衣裳'이나 짜는 것처럼 하고 있을 뿐이다. 〔언지질록 19조〕

〔拾遺〕『논어』「헌문」편에서 공자는 이렇게 말하였습니다.

"옛날에 배우고자 하는 사람은 자신의 수양을 위하여 공부하였으나, 요즘 배우는 사람들은 다른 사람에게 인정받기 위해 공부한다古之學者爲己, 今之學者爲人."

당나라 시인 진도옥秦韜玉의 「빈녀시貧女詩」에서 '혼수 옷嫁衣裳'은 '자신의 노력이 자신을 위한 게 아니라 남의 영화를 위한 희생되었다'라는 의미입니다.

가난한 집에서 비단옷 감미로움도 모르고 중매를 부탁하려니 더욱 마음만 상하네.

　누가 풍류의 고상함을 좋아하지 않을까, 누가 와서 그녀의 검소한 머리카락을 보아주리오.

　감히 열 손가락 고운 바느질 자랑하지만 길게 그린 두 눈썹은 자랑하지 않는다네.

　마음 아프고 한스러워라, 해마다 금실로 수를 놓으며 남을 위한 혼수 옷을 짰다오.

　蓬門未識綺羅香, 擬託良媒益自傷.

　誰愛風流高格調, 共憐時世儉梳妝.

　敢將十指誇鍼巧, 不把雙眉鬥畵長.

　苦恨年年壓金線, 爲他人作嫁衣裳.

배움에는 어린아이의 진심으로 되돌아가는 게 가장 중요하다

사람은 어릴 때는 완전하게 진심을 갖고 있다. 얼마간 성장하면 사심이 조금씩 생겨난다. 그리고 제 몫을 하게 되면, 게다가 한층 더 세속의 습관에 익숙해지면 진심을 거의 잃어버린다. 고로 성인의 학문을 이루고자 하는 이는 늘 단호하게 세속의 습관을 뿌리치고, 어린아이의 진심으로 되돌아가야 한다. 이것이 가장 중요하다. 〔언지질록 51조〕

〔拾遺〕『도덕경』 제10장에서 노자는 "정기를 오로지 하고 유연함을 달성하여 어린아이처럼 되어야 한다專氣致柔, 能 兒乎"며, 갓난아기처럼 사물에 열중하여 만사에 유연해지고 싶다고 합니다.

농부와 나무꾼에게도 지혜를 물으라

세간의 일을 경험하는 것은 곧바로 살아 있는 책을 읽는 거나 마찬가지다. 그러므로 글자를 모르는 늙은 농부라도 스스로 얻은 경험의 지혜가 있는 법이다. 『시경』「대아大雅·생민지계生民之什·판板」은 "선현께서 말씀하시기를 나무꾼에게도 물으라고 하셨네"라고 노래하였다. 책을 읽는 선비들이여, 실제 삶의 현장에서 경험을 하는 이들을 업신여기지 말라. 〔언지질록 189조〕

〔拾遺〕『열국지』와 『봉신연의』의 작가로 유명한 명청시대의 작가 풍몽룡1574-1646년이 쓴 『지낭智囊』에 다음과 같은 이야기가 나옵니다.

하루는 공자가 말을 타고 길을 가는 도중, 말이 남의 밭에 들어가는 바람에 심어 놓은 곡식을 망쳤다. 밭주인은 성이 나서 말을 끌어갔다. 공자의 학생 자공이 밭주인을 찾아가서 말을 놓아 달라고 여러 말로 통

사정했지만, 밭주인은 그 말을 듣지 않았다.

자공이 돌아와 하는 말을 듣고 공자는 이렇게 말했다.

"다른 사람이 알아듣지 못하는 도리로 상대방을 설복하려고 하는 것은 야수더러 태뢰太牢, 제물로 바치는 가축의 고기를 먹지 말라고 하는 것과 마찬가지이며, 새들더러 구소九韶, 하나라 대우가 지은 음악으로 공자는 이 노래를 듣고 석 달 동안 고기 맛이 어떤지를 모를 정도로 감탄함를 듣게 하는 것과 마찬가지이다. 이것은 내 잘못이지 그 밭주인 잘못이 아니다."

그러고는 이번에는 마부를 시켰다. 마부는 밭주인을 찾아가 이렇게 말했다.

"당신도 동부 고장에서 농사를 지은 적이 없겠지만, 나도 이 서부에 와서 농사를 지은 적이 없지요. 그러나 곡식은 동서 두 고장이 서로 같지 않겠소. 그러니 이 밭의 곡식이 당신네 곡식인지 말이 어떻게 분별하겠습니까? 아무것도 모르는 짐승이 저지른 일이니 한 번만 용서하십시오."

밭주인은 마부의 말을 듣고는 말을 마부에게 돌려주었다.

풍몽룡이 이 이야기에 평어評語를 다음처럼 달았습니다.

유유상종이라는 말이 있다. 글을 읽지 못한 사람에게 시나 사서를 담론하는 것은 융통성이 없는 선비들이 왕왕 저지르는 잘못의 하나이다.

마부의 말에 도리가 있으나 그런 도리를 자공 투의 말로 했다면 그것이 농부의 귀에 들렸겠는지 모를 일이다. 왜 그런가? 자공과 농부는 생업과 학식에 큰 차이가 있기 때문이다.

그런데 공자는 왜 마부를 시키지 않고 먼저 자공을 시켰는가? 가령 마부를 먼저 보내 말을 찾아왔다면 자공은 내심으로 탄복하지 않았을 게 빤하다. 그러나 먼저 자공을 보내고 다음에 마부를 보냈기에 마부도 자기를 포현할 기회가 있게 되었고, 따라서 자공은 공자의 말을 수긍하게 되었다.

성인은 인정과 사리를 통달하고 있기에 각 사람의 재주들을 모두 충분히 발휘시킬 수 있다. 세인들은 늘 성문화된 규제로써 타인을 속박하고 이른바 자격이라는 것으로 제한하면서도 타인에게 그 어떤 과분한 기대를 가지는 데 익숙해져 있다. 이래서야 어떻게 천하의 일을 성사시키겠는가?

경서 그 자체를 스승으로 삼고,
주석을 스승으로 삼지 말라

　학생이 경서에 달통하기 위해서는 우선 마땅히 경서를 숙독하고 난 후에 의미가 명확하지 않은 자구를 주석에 의지해 이해하는 게 좋다. 그런데 요즘의 학생들은 주석에는 익숙하나 경서의 본문은 달통하지 않으니 경서의 깊은 뜻을 터득했다고 할 수가 없다. 노자와 같은 시대에 살았던 주나라의 윤희尹喜가 쓴『관이자關伊子』는 "활을 잘 쏘는 자는 활을 스승으로 삼지 명궁인 예羿를 스승으로 모시지 않고, 배를 잘 모는 자는 배 그 자체를 스승으로 삼지 유명한 뱃사공인 오俄를 스승으로 모시지 않는다"고 하였다. 이 말 그대로다. 〔언지질록 226조〕

6장

원수는 물에 새기고, 은혜는 돌에 새겨라:

치기와 치인

작은 재주는 신분을 더럽히고,
중간 재주는 신분에서 나오고,
큰 재주는 신분을 귀찮게 여긴다

군자는 덕이 있는 사람을 가리키는 말이다. 옛날에는 덕이 있으면 그 덕에 알맞은 훌륭한 지위가 있었다. 즉 덕의 높고 낮음에 따라 그 지위의 존비와 고하가 정해졌다. 그런데 날이 갈수록 덕이 없음에도 지위가 높은 자가 나타나, 단지 지위가 높다는 이유만으로 군자라 불리는 일이 생겨났다. 오늘날 군자 소리를 듣는 사람들은 스스로 그것에 어울리는 알맹이實가 없음에도 군자라는 허명虛名이 붙는데, 어찌 수치스럽게 생각하지 않는가?

[언지록 9조]

[拾遺] 중국의 제자백가 중에 하나인 명가名家의 혜시惠施와 공손룡公孫龍은 사회를 개량하는 데는 명名:평판과 실實:실질이 올바르게 정립되어야 한다고 했습니다. 명실상부란 이를 말하는 것이지요. 전국 시대에 한비자韓非子는 치국의 요체는 "형명참동刑名參同"이라며 '명실언행名實言行의 일치'를 강조했습니다. 하지만 명과 실이 잘 어

198

울리는 일은 몹시도 어렵습니다. 그래서 영국의 극작가 버나드 쇼는 이렇게 말했나 봅니다. "중재中才는 신분에서 태어나고, 대재大才는 신분을 귀찮게 여기며, 소재小才는 신분을 더럽힌다."

천길 제방은 땅강아지와 개미구멍 때문에 무너진다

진짜 큰 뜻을 품은 사람은 아무리 작은 일일지라도 결코 허술하게 처리하지 않으며 잘하려고 최선을 다하고, 정말로 원대한 뜻을 지닌 사람은 소소한 일도 소홀히 하지 않는다. 〔언지록 27조〕

〔拾遺〕『논어』「위령공衛靈公」편 11장에서 공자가 말하였습니다.

"사람이 멀리 내다보는 생각이 없으면 반드시 가까이에 근심할 일이 생긴다人無遠慮, 必有近憂."

한비자는 『한비자』「유노喩老」편에서 "천길 제방은 땅강아지와 개미구멍 때문에 무너지고 백 척의 높은 집도 조그마한 연기구멍 때문에 타버린다千丈之堤, 以螻蟻之潰, 百尺之室, 以突隙之烟焚"고 했습니다.

이는, 고사성어 제궤의혈堤潰蟻穴의 유래입니다. 개미구멍으로 말미암아 마침내 큰 둑이 무너진다는 뜻인데요. 사소한 결함을 대수롭지 않게 여기다 손을 쓰지 않으면 큰 재난을 당하게 된다는 말입니다.

대덕^{大德}과 소덕^{小德}

오륜^{五倫} · 오상^{五常}과 같은 대덕은 근본적인 예의 규칙이므로 이를 어기면 안 된다. 그러나 평소 사람을 대하는 응대와 진퇴^{進退: 나아감과 물러섬}와 같은 소덕은 여줄가리와 같은 규칙이므로 융통성을 부릴 수가 있다. 이런 마음으로 사람을 대하면 아쉬운 대로 괜찮을 것이다. 〔언지록 29조〕

〔拾遺〕대덕에 관해서 이미 『논어』「자장^{子張}」제11장에서 자하^{子夏}는 이렇게 말한 바가 있습니다.

"대덕이 한계를 넘지 않으면 소덕은 융통성을 두어도 괜찮다^{大德不踰閑. 小德出入可也.}"

오륜에 관해서는 맹자가 『맹자』「등문공상^{騰文公上}」편에서 다음처럼 얘기했습니다.

"사람에게는 도가 있다. 배부르게 먹고, 따뜻하게 입고, 편안히 살면서 배움이 없으면 짐승과 별로 다르지 않다. 성인이 이를 걱정하여 설契을 사도司徒로 삼아 인륜을 가르쳤으니, 부자는 친함이 있어야 하고父子有親, 군신은 의리가 있어야 하고君臣有義, 부부는 분별이 있어야 하고夫婦有別, 장유는 서열이 있어야 하고長幼有序, 붕우는 신의가 있어야 한다朋友有信."

오상은 인仁·의義·예禮·지智·신信 등 유교의 다섯 덕목을 일컫는 말입니다. 공자는 사람의 어짊仁을 중시하여 지知·용勇과 아울러 그 소중함을 가르쳤고, 맹자는 인에 의義를 더하고 또 예·지를 넣어 인·의·예·지를 인간의 네 가지 덕목이라 하였지요. 그리고 한漢나라의 동중서董仲舒는 오행설五行說에 바탕을 두어 여기에 신信을 더해 오상설五常說을 확립했습니다.

자기 자신은 엄격하게 책망하고,
남의 책임은 가볍게 추궁하라

자신의 과실을 꾸짖고 나무라는 데 매우 엄격한 사람은 다른 사람의 과실에도 냉정하다. 또 다른 사람에게 너그러운 사람은 자신에게도 관대하다. 이는 모두 다 한쪽으로 치우친 것에 지나지 않는다. 그런데 교양이 훌륭한 군자는 자신을 나무라는 데는 한없이 엄격하고 남을 꾸짖는 데는 관용적이다. 〔언지록 30조〕

〔拾遺〕 공자는 『논어』 「위령공衛靈公」편 제14장에서 '관대함恕'이란 무엇인가'에 대해 이렇게 말했습니다.

"자기 자신은 엄격하게 책망하고 남은 가볍게 책임을 추궁한다면 원망이 멀어질 것이다躬自厚而薄責於人, 則遠怨矣."

또한 「위령공」편 제23장에서 자공이 "한마디 말로 평생토록 실천할 만한 것이 있습니까?"라고 묻자, 공자는 이렇게 말하였습니다.

"그것은 '용서하는 마음가짐恕'이로다! 자기가 원하지 않는 것을 남에게 강요하지 말라其恕乎! 己所不欲, 勿施於人."

치기治己와 치인治人은 동전의 양면이다

자기 자신을 다스리는 것과 남을 다스리는 것은 단지 한 타래의 실과 같은 일이다. 또한 자기 자신을 속이는 것과 타인을 속이는 것도 똑같다. 〔언지록 69조〕

자기를 잃으면 사람을 잃는다

자기를 잃으면 사람을 잃고 사람을 잃으면 모두를 잃어버린다. 〔언지록 120조〕

〔拾遺〕『맹자』「이루상離婁上」편에 이런 글귀가 있습니다.

"무릇 사람은 반드시 스스로 업신여긴 후에 남이 업신여기고 집안도 반드시 스스로 망친 후에 남이 망치고 나라도 반드시 스스로 공격한 뒤에 남이 공격한다. 『서경』의 「태갑」에서 '하늘이 만든 재앙은 오히려 피할 수 있어도 스스로 만든 재앙은 빠져나갈 길이 없다'고 한 것은 바로 이것을 말함이다. ……스스로 자신을 해치는 자와는 함께 이야기를 할 수 없고 스스로 자신을 내팽개치는 자와는 함께 일을 할 수 없다."

또한 중국인들이 가장 좋아하는 모범 군주 강희제1654-1722는 "여러 사람의 마음을 얻는 자로 흥하지 않는 사람이 없고, 여러 사람의 마음을 잃는 자로 망하지 않은 사람이 없다"는 말을 남겼습니다.

믿음을 얻으면 안 되는 일이 없다

사람에게 믿음을 얻기란 어렵다. 아무리 좋은 말을 하더라도 사람은 행동을 보고 믿기 때문이다. 아니 행동보다는 마음을 보고 믿는다. 자신의 마음을 사람에게 보여주는 것은 무척이나 어렵기에 믿음을 얻기가 어렵다. [언지록 148조]

〔拾遺〕 공자는 『논어』 「위정爲政」편 제22장에서 이렇게 말하였습니다.

"사람에게 신의가 없으면 그 쓸모를 알 수가 없다. 만일 큰 수레에 소의 멍에를 맬 데가 없고 작은 수레에 말의 멍에를 걸 데가 없으면 어떻게 그것을 끌고 갈 수 있겠느냐?人而無信, 不知其可也. 大車無輗, 小車無軏, 其何以行之哉."

용인은 왕도가 없다

사람의 마음을 자연스럽게 움직이는 데는 특별히 정해진 형태가 없다. 어느 때는 유도하여 권하거나, 또는 금지하여 막거나 하는 게 순리적이다. 이끌다가 오히려 악으로 떨어지거나 억제하다가 도리어 이익을 보게 하는 것은 악수를 두는 방법이다. 따라서 민중을 다스리는 것은 그들이 향하고자 하는 곳과 등을 지고 싶은 곳이 어디인지를 잘 살피고, 또한 일의 경중을 소상하게 알아내 여세에 따라 유리함을 이끌고 적당한 때에 격려하며 그렇게 하는 까닭이 무엇인지 자각하게 하는 게 최선이다. 이렇게 하는 게 사람을 잘 쓰는 용인用人의 마음가짐이다. 〔언지록 181조〕

대인의 마음과 서캐와 이

몸의 때나 더러움이 변하고 굳어져 서캐[蟣]와 이[虱]가 되니 이것을 없애지 않으면 안 된다. 또한 서캐와 이가 자신의 피부나 털의 끝에서 나온 것이라고 생각하면 차마 죽일 수가 없다. 이와 같이 큰 덕을 지닌 사람의 마음은 천지간의 만물을 '하나의 몸[一體]'이라고 보기에 형벌에 처해지는 사람을 안쓰럽게 생각하며 처벌을 하는 데 신중한 태도로 임한다. 그것은 이와 서캐를 차마 죽일 수 없는 마음과 같다. [언지록 213조]

다른 이가 등을 지면
왜 그런가를 생각해 보라

설령 다른 사람이 자신의 은혜를 저버리는 짓을 하더라도 자신은 은혜를 저버리지 말라고 하는 것은 참으로 올바른 소리이다. 나도 역시 "다른 사람이 자신의 등을 저버릴 때에는 왜 그렇게 되었는가 하는 이유를 잘 헤아려보며 반성하고 자신의 학덕을 닦는 밑바탕으로 삼아야 한다"고 말하고 싶다. 그렇게 하면 자신에게 큰 이득이 있을진대, 어찌 그 사람을 원수로 보는 일이 가능하겠는가? 〔언지후록 11조〕

〔拾遺〕『채근담』에 다음과 같은 구절이 있습니다.

"원망은 덕으로 인해 나타나니 남들로 하여금 나를 덕 있다고 여기게 하기보다는 덕과 원망 양쪽을 다 잊게 하는 것이 나으며, 원수는 은혜로 인해 생기느니 남들로 하여금 나의 은혜를 알게 하기보다는 은혜와 원수를 모두 없애는 것이 낫다怨因德彰.故使人德我, 不若德怨之兩忘.仇因恩立.故使人知恩, 不若恩仇之俱泯."

아랫사람을 부리는 마음가짐

어느 부하 관리가 자신의 일을 열심히 하지 않으면 그 윗사람은 힘껏 독려하며 지도하는 게 좋다. 때로는 도리에 어긋난 견해가 있더라도 얼마 동안 이것을 인정해 주고 서서히 깨우쳐주는 게 좋다. 결코 처음부터 짓누르면 안 되는데, 그러면 의지를 상실하고 기운이 빠져 그 다음부터는 결코 진심으로 직무에 충실하지 않고 만다. 〔언지후록 13조〕

〔拾遺〕『대학』전10장에 다음과 같은 구절이 있습니다.

"자신이 아랫사람의 위치에 있을 때 윗사람에게서 본 싫어하는 모습으로 아랫사람을 부리지 말며, 아랫사람에게서 본 싫어하는 모습으로 윗사람을 섬기지 말라. 그리고 자신이 뒷사람의 위치에 있을 때 앞사람에게서 본 싫어하는 모습으로 뒷사람에게 먼저 하도록 시키지 말며 자신이 앞사람의 위치에 있을 때 뒷사람에게서 본 싫어하는 모습으로 앞사람을 따르지 말라. 또 자신이 왼쪽에 있을 때

오른쪽에게서 본 싫어하는 모습으로 왼쪽과 사귀지 말며 자신이 오른쪽에 있을 때 왼쪽에게서 본 싫어하는 모습으로 오른쪽과 사귀지 말라. 이것이 '사람의 마음으로 미루어서 헤아려보는 도'의 뜻이다."

관리가 재앙을 피하는 길

관리가 가슴에 새겨야 할 바람직한 글자가 네 개가 있다. 공公·
정正·청淸·경敬이다. 공은 공평무사를, 정은 정직을, 청은 청렴
결백함을, 경은 공경함을 뜻한다. 이 네 가지를 잘 지키면 결코
과실을 범하는 일이 없다. 또한 관리에게 바람직하지 않은 글자
네 개가 있다. 사私·사邪·탁濁·오傲이다. 사私는 불공평을, 사
邪는 사악함을, 탁은 부정함을, 오는 오만함을 의미하는데, 만일
이 네 가지를 범하지 않으면 모든 재앙에서 벗어날 수 있다. [언지
후록 14조]

그릇된 것을 바로잡는 마음으로
원한을 대하라

공자가 『논어』에서 "'그릇된 것을 바로잡는 마음直'으로 원한을 갚아야 한다."고 한 말은 깊이 음미해볼 만하다. 오로지 '그릇된 것을 바로잡는 마음直'으로 원한을 대하는 것이지, 원한을 원한으로 대하지 않는 것일 뿐이다. 〔언지후록 42조〕

〔拾遺〕 『논어』 「헌문憲問」편 제36장에서 어떤 사람이 "은덕으로 원한을 갚으면 어떻습니까?"라고 여쭙자 공자께서 말씀하셨습니다.

"그러면 덕은 무엇으로 갚겠는가? 원한은 '그릇된 것을 바로잡는 마음直'으로 갚고, 은덕은 은덕으로 갚는 것이다 何以報德? 以直報怨, 以德報德."

아랫사람의 사정을 잘 안다는 것

통하정通下情: 아랫사람과 서민의 사정을 잘 앎이란 이 세 글자는 피아彼我 간
의 쌍방을 잘 보아야만 한다. 윗사람이 아랫사람의 사정을 통달
한다는 것은 자기 자신도 잘 안다는 것이다. 또한 아래의 사정
을 잘 안다는 것은 상대의 사정을 잘 안다는 것이다. 이와 같이
자기 자신과 아랫사람을 모두 볼 줄 알아야 참말로 아랫사람의
사정을 잘 안다고 할 수 있는 것이다. 〔언지후록 44조〕

지^智·인^仁·용^勇 삼덕의 조화를 갖추어라

지혜로움^智과 어짊^仁은 하늘이 준 천성^{天性}이다. 용맹스러움^勇은 본성의 발동에 의해 생기는 기^氣다. 지^智·인^仁·용^勇을 배합해 삼덕^{三德}으로 부르는 데는 오묘한 이치가 숨겨져 있다. 〔언지후록 80조〕

〔**拾遺**〕『중용』20장은 지^智·인^仁·용^勇 삼덕을 이렇게 말하고 있습니다.

"지혜로움과 어짊, 용맹스러움, 이 세 가지가 천하에 두루 통하는 보편적인 덕이다. 그러나 이것을 행하는 방법은 한 가지이다. 어떤 사람은 나면서부터 알고 어떤 사람은 배워서 알기도 하며 어떤 사람은 고심해서도 알기도 하지만 안다는 점에서는 동일하다. 어떤 사람은 마음에 걸림이 없어 편안하게 행하고 어떤 사람은 자신에게 이롭다고 생각할 때만 행하고 어떤 사람은 힘써 열심히 행한다. 그러나 결과를 성취한다는 측면에서 동일하다. 공자께서 말씀하셨다. '배우기를 좋아하는 것은 지혜로움에 가깝고 힘써 행하는 것은 어짊에 가까우며 부끄러워할 줄 아는 것은 용맹함에 가깝다.' 이 세 가지를 알면 몸을 닦는 방법을 알 것이며 몸을 닦는 방법을 알면 사람을 다스리는 방법을 알 것이다. 사람을 다스리는 방법을 알면 천하 국가를 다스리는 방법을 알 것이다 知仁勇三者, 天下之達德也, 所以行之者一也. 或生而知之, 或學而知之, 或困而知之, 及其知之一也; 或安而行之, 或利而行之, 或勉强而行之, 及其成功一也. 子曰: 「好學近乎知, 力行近乎仁, 知恥近乎勇. 知斯三者, 則知所以脩身; 知所以脩身, 則知所以治人; 知所以治人, 則知所以治天下國家矣."

또한 공자는 『논어』 「자한子罕」편 제28장에서 이렇게 말하였습니다.

"지혜로운 사람은 미혹되지 않고, 어진 사람은 근심하지 않으며, 용기 있는 사람은 두려워하지 않는다 知者不惑, 仁者不憂, 勇者不懼."

처벌에도 지^智 · 인^仁 · 용^勇이 있다

하나의 죄와 과실을 처리하는 데도 지^智 · 인^仁 · 용^勇이 필요하다. 공평무사함으로 사적인 애증을 잊고, 지식을 활용해 참과 거짓을 끝까지 확인하고, 냉철한 판단력으로 죄과의 경중을 결정해야만 한다. 앎^識은 지^智요, 공평무사함은 인^仁이요, 판단력은 용^勇이다. [언지후록 183조]

군주의 삼덕三德

군주라고 하는 자가 배우지 않으면 안 되는 세 가지의 덕은 지智·인仁·용勇이다. 『논어』「자한子罕」편 제28장에서 공자께서는 "지혜로운 사람은 미혹되지 않고, 어진 사람은 근심하지 않으며, 용기 있는 사람은 두려워하지 않는다知者不惑, 仁者不憂, 勇者不懼"라고 말씀하셨다. 또한 『중용』은 "지혜로움과 어짊, 용맹스러움 이 세 가지가 천하에 두루 통하는 보편적인 덕이다知仁勇三者, 天下之達德也"라고 하였다. 이 삼덕을 스스로 잘 터득하면 평생 이 삼덕을 받아들여도 다 바닥이 나지 않는데, 세상이 화들짝 놀랄 정도로 사업에 성공하며 하나의 본보기로 후세에 남고 싶으면 이 삼덕을 실천할 수밖에 없다. [언지후록 198조]

공정함은 정치의 기본 원칙이다

나와 다른 이를 차별하지 않고 하나의 몸으로 똑같이 보는 게
인仁이다. 내가 만인에게 똑같이 공평한 인정을 베풀고 공정한
일처리를 하면 천하 사람들은 이에 따르지 않을 수 없다. 천하
가 잘 다스려지는가 그렇지 않은가는 바로 이 공평과 불공평에
달려 있다. 주자가 말하기를 "자신에게 공평한 사람은 다른 이
에게도 공평하다"고 하였다. 정이천程伊川은 또 "공평하게 행해
지는 보편적인 진리가 인이다"고 말했다. 여요余姚: 왕양명 역시도
"넓게 사랑하는 박애의 마음이 공평하게 사랑하는 마음이다"라
고 말했다. 이들의 말을 종합해 궁리하면 공사公事를 처리하는
게 무엇인지 알 것이다. [언지만록 22조]

〔拾遺〕 춘추전국시대를 끝내고 진秦나라가 천하를 통일하는 데
큰 공을 세운 진나라의 재상 여불위呂不韋가 편찬한 『여씨춘추呂氏春
秋』 「귀공貴公」편에 다음과 같은 구절이 나옵니다.

"옛날에 성왕들이 천하를 다스릴 때는 항상 무엇보다도 먼저 공정함을 앞세웠다. 공정해지면 천하가 평화로워지니, 평화는 공정함에서 얻어진다. 천하는 한 사람의 천하가 아니라 천하의 천하이다. 음양의 조화는 한 종류만을 잘 기르기 위한 것이 아니고 때에 맞게 내리는 이슬과 비는 한 생명만을 위한 것이 아니다. 만민의 주인은 한 사람만을 위하지 않는다. 천지는 크다. 만물은 모두 그 은택을 입고 그 이로움을 얻는다昔, 先聖王之治天下也, 必先公. 公則天下平矣, 平得于公. 天下非一人之天下也, 天下之天下也. 陰陽之和, 不長一類, 甘露時雨, 不私一物. 萬民之主, 不阿一人. 天地大矣. 萬物皆被其澤, 得其利."

정치의 곱셈과 나눗셈

현명하고 재능이 있는 자를 등용하면 수많은 벼슬아치들이 분발하게 되고, 재능이 없는 자의 수고도 애틋하게 여겨주면 사람들은 스스로 선행을 하게 된다. 이는 세상을 좋게 하기에 정치의 곱셈이라고 말할 수 있다. 이에 반해 대신을 의심하고 시기하면 남을 터무니없이 비방하는 자가 나오고, 친척을 싫어하거나 멀리하면 세상 사람들이 스스로 등을 돌리게 된다. 이는 세상을 나쁘게 하므로 뺄셈이라고 말할 수 있다. 따라서 리더는 일이 벌어지기 전에 충분히 신중한 태도로 다가올 장래의 일을 대비하지 않으면 안 된다. 〔언지만록 121조〕

〔拾遺〕『역경』「태괘泰卦」는 "엉켜 있는 띠풀의 뿌리를 뽑는 것과 같으니, 그 무리와 하나가 된다拔茅茹, 以其彙"고 합니다. 현명한 사람이 등용되면 같은 부류의 인재가 등용되고 소인이 등용되면 붕당이나 맺는다는 말입니다.

재능보다는 포용력을 갖추어라

　사람은 재능이 있어도 도량이 없으면, 사람을 관대하게 받아들일 수 없다. 이와는 반대로 도량이 있어도 재능이 없으면, 일을 성취할 수 없다. 재능과 도량, 이 양자를 겸비할 수 없으면, 차라리 재능을 버리고 도량이 있는 인물이 되고 싶다. 〔언지만록 125조〕

　〔拾遺〕 『채근담』에 이런 말이 있습니다.

　"처음부터 사람을 의심하고 대하는 인간은 남이 자신을 속이기 전에 먼저 스스로 자기 자신을 속이는 사람이다. 마음이 너그러운 자는 춘풍이 부드러운 입김으로 수목을 키우는 것과 같으며 만물이 이로 인해 생장한다疑人者, 人未必皆詐, 己則先詐矣. 念頭寬厚的, 如春風煦育, 萬物遭之而生."

높은 소나무와 뿌리 깊은 회나무처럼
바람과 비에 흔들리지 말라

　관직에 올라 벼슬아치가 된 자는 공무를 집안일처럼 생각하며 공손하고 신중하게 처리해야 한다. 공공의 규칙을 지키는 것을 마치 거북점을 치는 것처럼 엄숙하고 경건하게 하고 동료를 형제와 같이 여기며 사이좋게 지내야 직분을 잘 해낼 수가 있다. 오로지 대신이 되면 마음속에는 늘 공명정대함이 넘쳐나야 좀스럽지 않고, 마치 높은 소나무와 뿌리 깊은 회나무가 바람과 비에 흔들리지 않는 것처럼 될 것이다. 그러면 정치상의 책무가 결코 남보다 뒤떨어지지 않는다. 〔언지만록 132조〕

스스로를 속이지 않으면
남도 속이지 못한다

자신을 속이지 않는 사람은 남들도 기만을 할 수가 없다. 스스로를 속이지 않는 것은 그 사람 마음의 성誠이기 때문이다. 남들이 속일 수가 없는 것도 속일 틈이 없기 때문이다. 가령 생생한 기가 자신의 털구멍으로부터 나오는 것 같기 때문에 그 기가 왕성하면 바깥으로부터 사악한 기가 급습을 할 수가 없다. 〔언지만록 211조〕

〔拾遺〕『채근담』에 이런 말이 있습니다.

"속이는 사람을 만나면 정성스러운 마음으로 그를 감동시켜야 하고, 난폭한 사람을 만나면 온화한 기운으로 그를 감화시켜야 하며, 사악함에 기울어져 사욕만 탐하는 사람을 만나면 명분과 의리와 기개와 절조로 그를 격려해 주어야 한다. 그러고도 천하에 나의 가르침 속으로 들어오지 않을 자는 없으리라遇欺詐的人, 以誠心感動之, 遇暴戾的人, 以和氣薰蒸之, 遇傾邪私曲的人, 以名義氣節激勵之, 天下無不入我陶冶中矣."

원망을 듣지 않은 길은
서^恕 자 하나에 달려 있다

　남들로부터 원망을 듣지 않는 길은 '서^恕' 자 하나, 즉 '남의 심정과 입장에서 생각하는 배려'에 달려 있고, 싸움을 멈추는 길은 '양^讓' 자 하나, 즉 '상대를 높이고 자기를 낮추는 양보심'에 달려 있다. [언지만록 213조]

사람의 재주는 어느 것 하나 버리지 말라

사람의 재능에는 크고 작음, 민첩함과 둔함 등등 여러 가지가 있다. 물론 민첩하면서 큰 재능을 가진 이가 쉽게 쓰여질 수가 있다. 하지만 일상의 소소한 일은 둔중하고 작은 재주를 가진 이가 도리어 잘 쓰여질 수가 있다. 민첩하고 큰 재주를 가진 자는 일상의 잡사에는 도리어 서툴러 진면목을 발휘할 수가 없다. 이렇게 생각해 보면 사람의 재주는 각기 그 쓰임새가 나누어져 있기 때문에 어느 것 하나 버릴 수가 없다. [언지만록 251조]

〔拾遺〕 후한後漢의 사상가 왕충王充이 쓴 『논형論衡』은 "여름철의 화로는 습기를 없애고 겨울철의 부채는 불을 피운다夏時爐以炙濕, 冬時扇以翣火"라고 했는데, 사물과 사람은 각기 그 쓰임새가 있다는 말입니다.

남의 악한 것을 감추어주고
선한 것을 자랑해 주라

　남을 대할 때는 "그 사람의 악을 감추어 주고 선을 자랑해 주는 것隱惡揚善"이 가장 좋지만 이를 자신에게 적용하지 말라. 자신에 대해서는 "착한 것을 보면 재빠르게 옮기고 허물이 있으면 빨리 고치게 해야 한다遷善改過." 그러나 이것으로 남을 꾸짖지는 말라. 〔언지질록 64조〕

'공공公共의 욕망'은 클수록 좋고
사욕은 적을수록 좋다

『맹자』「진심하」편에서 맹자는 "정신을 수양하는 데는 욕망을 적게 하는 것만큼 좋은 방법은 없다"라고 하였는데, 군자는 자신을 수양하는 데 마땅히 욕망을 적게 하는 것이 좋다. 하지만 남을 대할 때는 이렇게 하여서는 안 된다. 남들에게는 각자가 바라는 대로 해주어야만 한다. 이렇게 욕망에도 공과 사의 구별이 있다. 남을 위한 그리고 세상을 위한 '공공公共의 욕망'은 클수록 좋고 자신을 위한 사욕은 적을수록 좋다는 분간을 할 수 있어야 하는 것이다. 〔언지질록 151조〕

〔拾遺〕공자는 『논어』「옹야」편 제28장에서 이렇게 말하였습니다. "본래 인이란 내가 일어서고 싶다면 남을 먼저 일어서게 해주고, 내가 이루고 싶다면, 남을 먼저 이루게 하는 것이다. 내 입장을 비추어 남의 입장을 알아줄 수 있음이, 바로 인을 실천하는 방책이라고 하겠다夫仁者, 己欲立而立人, 己欲達而達人, 能近取譬, 可謂仁之方也已."

허물을 피하며 행복을 얻는 방법

　허물을 피하는 법은 상대를 높이고 자기를 낮추는 겸손과 좋은 것을 남에게 양보하는 사양지심辭讓之心에 있다. 행복을 구하는 방법은 사람에게 은혜를 베푸는 것에 있다. [언지질록 152조]

　〔拾遺〕 시인 도연명陶淵明, 365-427년은 「걸식乞食」이라는 시에서 '은혜의 소중함'을 이렇게 노래했습니다.

　배고파 서둘러 말 몰아가다 마침내 어디로 갈 곳이 없어

　가다가다 이 마을에 다다라 문 두드리고 구차한 말을 하니

　주인이 나의 뜻과 처지를 알고 맞아주니 헛걸음은 아니었다네.

　오가는 이야기에 하루저녁이 가고 잔을 돌리니 연거푸 잔이 비네.

　어느덧 정들어 새 기쁨을 알고 그 기쁨을 노래하니 시가 되네.

　빨래하는 표모의 은혜에 감사하지만 내게는 한신과 같은 재능이 없음이 부끄럽구나.

몸 둘 데 없는 은혜 어찌 보답할지, 죽어서라도 다시 만나 보답하리라.

飢來驅我去 不知竟何之

行行至斯里 叩門拙言辭

主人解余意 遺贈副虛期

談話終日夕 觴至輒傾巵

情欣新知歡 言詠遂賦詩

感子漂母惠 愧我韓才非

銜戢知何謝 冥報以相貽

『초한지』의 영웅 한신은 한 끼 밥도 제대로 해결하지 못하던 과객 시절에 그를 가엽게 여긴 어떤 표모漂母: 빨래하는 아낙네로부터 밥을 얻어먹은 일이 있었습니다. 그 후 한나라의 열후 반열에 오르자 그 표모를 찾아 은혜를 갚았습니다. 그러나 유랑걸식을 하던 도연명은 한신 같은 재주가 없으므로 죽어서라도 다시 만나 은혜를 보답하고자 합니다.

인재가 버려지는 세상이 가장 못나고
슬픈 곳이다

　세상에는 애석해할 만한 일들이 있기 마련이다. 귀옥龜玉과 같은 큰 보물이 진흙기와나 자갈 속에 섞여 있는 것은 애석하다. 희세의 명검을 비루한 사람이 패용하고 있는 것도 애석하다. 뛰어난 인재가 버려져 쓰이지 못함은 특히나 가장 애석하다. 〔연지절록 156조〕

소인은 친해지기 쉬우나 섬기기는 어렵다

소인은 친해지기가 쉽고 군자는 가까워서 스스럼없이 지내기가 어렵다. 그러나 소인은 섬기기가 어렵고 군자는 섬기기가 쉽다. 〔언지질록 167조〕

〔拾遺〕『논어』「자로」편 제25장에서 공자가 말하였습니다.

"군자는 섬기기는 쉬워도 기쁘게 하기는 어렵다. 그를 기쁘게 하려 할 때 올바른 도리로써 하지 않으면 기뻐하지 않는다. 그러나 군자가 사람을 부릴 때에는 그 사람의 역량에 따라 맡긴다. 소인은 섬기기는 어려워도 기쁘게 하기는 쉽다. 그를 기쁘게 하려 할 때는 올바른 도리로써 하지 않더라도 기뻐한다. 그러나 소인이 사람을 부릴 경우에는 능력을 다 갖추고 있기를 요구한다 君子易事而難說也. 說之不以道, 不說也. 及其使人也, 器之. 小人難事而易說也. 說之雖不以道, 說也. 及其使人也, 求備焉."

베푼 은혜는 잊고, 받은 은혜는 잊지 말라

자신이 남에게 베푼 은혜는 잊어도 되지만, 자신이 남에게 입은 은혜는 잊지 말아야 한다. [언지질록 169조]

〔拾遺〕『채근담』에는 다음과 같은 구절이 있습니다.

"내가 남에게 베푼 공덕은 마음에 새겨두지 말고, 내가 남에게 저지른 허물은 마음에 새겨두라. 남이 나에게 베풀어준 은혜는 잊지 말고, 도리어 남이 나에게 끼친 원망은 잊어버려라 我有功於人, 不可念, 而過則不可不念. 人有恩於我, 不可忘, 而怨則不可不忘."

"은혜를 베푸는 사람이 안으로 자기 자신에게 나타내지 않고 밖으로 남에게도 나타내지 않으면, 곧 한 말의 곡식이라도 만종의 은혜나 마찬가지다. 남에게 이익을 베푸는 사람이 자신이 은혜를 베푼 것을 계산하고 남에게 보답을 강요한다면 비록 수백금의 큰돈을 베풀었손 치더라도 한 푼의 공로도 이루지 못한 거나 마찬가지다 施恩者, 內不見己, 外不見人, 則斗粟可當萬鍾之惠. 利物者, 計己之施, 責人之報, 雖百鎰難成一文之功."

원수는 물에 새기고, 은혜는 돌에 새겨라

사람은 결코 옛날에 친구나 남에게서 입은 은혜를 잊어서는 안 되는데 이것이야말로 정이 두터운 훌륭한 덕행이다. 〔언지질록 171조〕

〔拾遺〕『춘추좌씨전春秋左氏傳』에는 '결초보은結草報恩'이라는 고사성어 이야기가 나옵니다.

진晉나라의 대부大夫 위무자魏武子가 병에 걸리자 아들 과顆를 불러 자신이 죽으면 애첩을 다른 곳으로 시집보내라고 하였습니다. 그러나 병이 깊어져 마침내 죽음이 가까이 다가오자 전에 한 말을 뒤집고 애첩을 순장하라고 했습니다. 과는 병이 깊지 않았던 때의 말을 중요하게 여겨 아버지의 애첩이자 자신의 서모庶母를 개가시키고 순사殉死를 면하게 했습니다. 훗날 진晉나라와 진秦나라 사이에 전쟁이 일어나서 위과魏顆가 전쟁에 나갔지요. 진秦나라의 두회杜回와 싸우다가 위험한 지경에 이르렀을 때에 두회가 풀에 걸려 넘어져 과는 두회를 사로잡고 뜻밖에도 큰 전공을 세울 수가 있었습니다. 그날 밤 과의 꿈속에 한 노인이 나와 말하기를 자신은 전에 과가 시집을 보낸 애첩의 아버지로 당신이 딸을 죽이지 않고 개가를 시켜주었기에 풀을 묶어 은혜에 보답하였다고 말했습니다.

한번 만나고도 친해지는 사람은
보기 드물다

"어려서는 공손하게 어른 모실 줄도 모르고, 자라서는 남이 알아줄 만한 것도 없고 늙어서는 죽지도 않으니 이는 사람들에게 피해만 주는" 자, 그런 놈은 세상에 많다. 한 번 만나보고도 친해진다는 경개여구傾蓋如舊의 벗을 만나 내가 이루고자 한 바를 이룰 수 있는, 이런 사람은 보기 드물다. 〔언지질록 173조〕

〔拾遺〕『논어』「헌문」편 제46장에 이런 일화가 있습니다.

원양原壤: 어머니 상 때도 노래를 부른 공자의 옛 친구이 다리를 벌리고 앉아서 기다리고 있었는데 공자께서 이를 보시고는 "어려서는 공손하게 어른 모실 줄도 모르고, 자라서는 남이 알아줄 만한 것도 없고 늙어서는 죽지도 않으니 이는 사람들에게 피해만 주는 놈이다"라고 하시며, 지팡이로 그의 정강이를 내리치셨다原壤夷俟. 子曰, '幼而不孫弟, 長而無述焉, 老而不死, 是爲賊!' 以杖叩其脛."

『시경』「정풍鄭風 · 야유만초野有蔓草」는 "들에는 넝쿨풀이 있으니, 떨

어지는 이슬이 방울방울 맺혔네. 아름다운 한 사람이 있음이여, 맑은

눈 넓은 이마 예쁘기도 하여라. 우연히 서로 만나니 내 맘에 쏙 드네野有

蔓草, 零露漙兮. 有美一人, 淸揚婉兮. 邂逅相遇, 適我願兮"라고 노래하였습니다.

맹자의 눈동자 인물관찰법

인물을 관찰할 때는 공연히 그 겉모습에 구애받아서는 안 된다. 반드시 그 사람에게 말을 시켜보고, 그것에 관한 마음의 움직임을 관찰하는 게 좋다. 우선 그 사람의 눈동자를 보고 또 말을 들어보면 대체로 그 사람의 심중을 감출 수가 없다. 〔언지질록 174조〕

〔拾遺〕 맹자는 『맹자』 「이루」편에서 눈동자 인물관찰법에 대해 말하고 있습니다.

"사람을 살피는 데는 눈동자보다 더 좋은 것이 없다. 눈동자는 그 사람의 악을 감추지 못한다. 마음이 바르면 눈동자가 맑고, 마음이 바르지 않으면 눈동자가 흐리다 存乎人者, 莫良于眸子. 眸子不能掩其惡. 胸中正則眸子瞭焉, 胸中不正則眸子眊焉."

남을 관찰하면 그도 나를 관찰한다

내가 남을 관찰하고자 하면 남이 나를 도리어 관찰하고 만다. 내가 남에게 나를 관찰하도록 하면 남은 나를 관찰할 수가 없고 도리어 내가 그 사람을 관찰하고 만다. 사람의 마음이 서로 감응하는 것이 바로 이와 같다. (언지질록 175조)

나와 다른 남을 옥돌로 갈아
타산지석으로 삼을 줄 알라

　세상에는 성격과 취미가 자신과 같은 사람이 있기 마련이고 그런 사람과 교류를 하는 것은 물론 좋지만 그 이익은 도리어 크지 않다. 반대로 자신과 취미와 성격이 다른 이와 사귀는 것도 물론 좋지만 여기서 얻는 이익은 적지가 않다. 『시경詩經』「소아小雅 · 학명鶴鳴」에서 "다른 산의 돌이라도 옥을 갈 수 있네"라고 한 게 바로 이런 의미이다. 〔언지질록 184조〕

240

자기 자신은 충^忠자로 대하고,
남은 서^恕 자로 대하라

'충^忠' 자는 성^誠 즉 진심이라는 의미로 자신을 나무라는 데는 충 즉 진심을 다해야 하나, 남을 꾸짖는 데는 '충' 자를 지닌 채 하지 말라. '서^恕' 자는 남을 헤아리고 이해해주는 어진 마음으로 남에게는 이를 베풀지만 자신에게는 이를 베풀지 말라. 〔언지질록 187조〕

〔拾遺〕『논어』「이인」편 제15장에서 증자는 "선생님^{공자}의 도는 충과 서일 뿐이다^{夫子之道, 忠恕而已矣}"라고 하였다.

주희는 『논어집주』에서 "진심으로 자기에게 최선을 다하는 것이 충^忠이고 자기의 마음을 미루어서 남이 바라는 바를 이해하는 것이 서^恕다^{盡己之謂忠, 推己之謂恕}"라고 하였습니다.

『논어』「안연」편 제2장에서 공자는 또 이렇게 말하였습니다.

"사회에 나가서는 큰 손님을 뵌 듯이 하고, 백성을 부릴 때는 큰 제사를 모시듯 하며, 자신이 원하지 않는 바를 남에게 시키지 말라.

이렇게 하면 나라에서도 원망이 없고, 집안에서도 원망하는 이가 없을 것이다出門如見大賓, 使民如承大祭. 己所不欲, 勿施于人. 在邦無怨, 在家無怨."

또한 자공子貢이 평생토록 지켜야 할 도리를 묻자 공자는 『논어』「위령공」편 제23장에서 이렇게 말하였습니다.

"바로 '용서하는 마음가짐恕'이라는 한마디일세. 자기가 원하지 않는 일을 남에게 강요하지 말라其恕乎. 己所不欲, 勿施于人."

지인용智仁勇은 가까이 있는
일상에서부터 실천하라

　　지인용智仁勇. 사람들은 모두 이것은 큰 덕이기에 실천하기 어렵다고 말한다. 하지만 가령 촌장이라면 촌민과 가까이하며 그들을 잘 다스리는 게 맡은 바 직무이다. 촌내의 나쁜 일을 밝게 드러내는 게 '지智'요, 고아와 홀아비, 과부들을 가엾이 여기는 게 '인仁'이요, 강폭한 자들을 억누르는 게 '용勇'이니, 이것이 바로 실천해야만 하는 삼덕三德이다. 이렇게 실제로 가까이에 있는 일부터 실천하게 좋다. 〔언지질록 267조〕

　　〔拾遺〕『중용』 제20장은 "지인용知仁勇은 천하에 두루 통하는 덕이다知仁勇三者, 天下之達德也"라고 합니다. 『대학大學』 경1장은 "대학의 도는 덕을 밝히고 백성을 친하게 대하며 지극한 선에 머무르는 것이다大學之道, 在明明德, 在親民, 在止於至善"라고 합니다.

　　공자 시대에 9000명의 부하를 거느렸다는 도둑 도척이 한 졸개로부터 "도둑놈에게도 도道가 있습니까?"라는 질문을 받았습니다.

도척은 "훔칠 물건이 어디에 있나 알아내는 것이 성聖, 털 집에 먼저 들어가는 것이 용勇, 마지막에 빠져나오는 것이 의義, 일이 되고 안 되고를 가늠할 줄 아는 게 지知"라며 의미심장한 말을 덧붙입니다. "훔친 재물을 공평하게 나누는 것이 인仁이니라. 이 다섯 가지 덕德을 몸에 지니지 않고 큰 도둑이 된 전례는 없느니라."

『장자』에 나오는 이야기인데요. 가까이에 있는 일일지라도 그것이 선善이 아니라면 진정한 지인용智仁勇이 아니지 않을까요? 도척의 예처럼 말입니다.

7장

—

쓸모없음의 쓸모:

봄바람과 가을서리의 처세술

진실한 명성을 무리하게 피하지 말라

실력도 없으면서 무리하게 명예를 구하는 것은 당연히 나쁜 마음이다. 또한 명예를 무리하게 피하는 마음도 좋지 않다. [언지록 25조]

〔拾遺〕『맹자』「이루하離婁下」편에서 서자徐子가 맹자에게, "공자께서는 자주 물을 찬미해 '물이여! 물이여!'라고 하셨는데, 물에서 어떤 점을 높이 산 것입니까?"라고 묻자 맹자가 말하였습니다.

"근원을 가진 샘물은 솟구쳐 나와 밤낮으로 쉬지 않고 흘러가며 움푹 파인 웅덩이들을 다 채운 후에는 앞으로 나아가 사해에까지 이른다. 근원이 있는 것은 이와 같으니, 공자께서는 이 점을 높이 산 것이다. 근원이 없는 빗물의 경우, 칠팔월 사이에 빗물이 모여 크고 작은 도랑들을 가득 채우지만, 그것이 마르는 것은 서서 기다릴 만큼 금방이다. 그러므로 명성이 실제보다 지나친 것을 군자는 부끄럽게 여긴다原泉混混, 不舍晝夜. 盈科而後進, 放乎四海, 有本者如是, 是之取爾.

苟爲無本, 七八月之閒雨集, 溝澮皆盈; 其涸也, 可立而待也. 故聲聞過情, 君子恥之."

246

간악한 소인은 모두 보통사람보다 뛰어난 재능을 갖고 있다

예로부터 간악한 소인은 여하튼 죄다 재능이 보통사람보다 뛰어났다. 가령 폭군인 상商나라 주왕紂王이 가장 뛰어난 재능을 지녔다. 설령 미자微子, 기자箕子, 비간比干 등 현명한 신하들을 곁에 여럿 두었더라도 주왕의 그 비뚤어진 마음은 고칠 수가 없었다. 또한 미자, 기자, 비간도 주왕을 퇴위시킬 수가 없었으며 주왕 그 자신이 죽는 데 그치지 않고 자손들도 절멸하고 말았다. 그러므로 재능과 지능은 도리어 무섭기 짝이 없다. 〔언지록 65조〕

〔拾遺〕 미자微子는 상나라의 마지막 왕인 폭군 주왕의 배다른 형으로, 주왕의 포악이 날로 심해지자 간언을 올렸습니다. 하지만 받아들여지지 않자 제기를 가지고 은나라를 떠나고 말았지요. 주周 무왕이 상나라를 무너뜨린 이후, 미자로 하여금 선대의 제사를 지내게 하고 그의 나라를 송宋나라로 했습니다.

비간比干은 주왕의 숙부로 은나라를 떠난 미자와는 다르게 완강하게 주왕에게 간언했습니다. 그러자 주왕은 "성인의 심장에는 일곱 개의 구멍이 있다고 들었다"며 비간의 가슴을 절개하여 그의 심장을 꺼내 보았다고 합니다.

기자箕子는 주왕의 숙부로, 비간이 죽자 두려워하여 일부러 미친 척하며 노비가 되었지만 주왕이 그를 잡아 가두었습니다. 무왕이 상나라를 멸하고 나서야 자유를 얻을 수가 있었습니다.

사마천의 『사기』「은본기」에는 이런 내용이 실려 있습니다.

"상나라 주왕은 말재간이 뛰어나고 민첩하며 견문이 매우 빼어났고 힘이 보통 사람을 능가해 맨손으로 맹수와 싸웠다. 지혜는 간언이 필요하지 않았고, 말재주는 허물을 교묘하게 감추기에 충분했다. 자신의 재능을 신하들에게 뽐내며 천하에 명성을 드높이려 했고, 모두가 자신의 아래에 있다고 여겼다. 술을 좋아하고 음악에 흠뻑 빠졌으며 여자를 탐했다."

이익을 얻는 게
어찌 악하다고만 하겠는가?

이익은 천하의 공공물로, 이익을 얻는 것을 어찌 악하다고만 하겠는가. 단지 자기 혼자만 독점하면 곧바로 다른 이로부터 원망을 사는 길일 따름이다. [언지록 67조]

〔拾遺〕 공자는 『논어』 「이인」 제12장에서 말했습니다.

"자신의 이익만을 탐하면 다른 사람들로부터 원망을 많이 듣게 된다放于利而行, 多怨."

간언은 성의다

무릇 남에게 간언을 하고 싶거들랑 오로지 말에 성의가 넘쳐
나야만 한다. 만일 화를 내며 미워하는 감정을 조금이라도 품게
되면 간언은 결코 상대의 마음속으로 들어가지 않는다. 〔언지록 70조〕

〔拾遺〕『공자가어孔子家語』에 "좋은 약은 입에 쓰지만 병에 이롭고,
참된 충고는 귀에 거슬리지만 행하는 데 이롭다良藥苦于口而利于病, 忠告
逆于耳而利于行"고 하였습니다.

재앙은 위로부터 싹튼다

속담에 "재앙은 아래로부터 싹튼다"고 하였다. 하지만 나는 이렇게 생각한다. "이 속담은 망국의 말로써 한 나라의 군주를 잘못된 길로 인도하므로 믿어서는 안 된다." 무릇 '모든 재앙은 위로부터 싹튼다.' 설사 아래로부터 싹튼 재앙일지라도 반드시 위에 있는 자로 인해 그렇게 빚어진다. 상나라 탕왕은 "너희들 사방의 나라 백성들이 죄를 짓는 것은 위에 있는 자들의 책임이다"라고 말하였다. 군주라는 자들은 이 말을 꼭 거울로 삼아야 한다. 〔언지록 102조〕

〔拾遺〕 춘추 시대 노魯나라의 역사책인 『춘추春秋』에 대한 해설서인 『좌전左傳』에서 민자마閔子馬가 이렇게 말했습니다.

"재난과 행복은 들어오는 문이 있는 것이 아니라, 오직 사람이 불러들이는 것이다禍福無門, 唯人所召."

쓸모없음의 쓸모

천하의 만물은 자연스러운 결과로 그렇게 되지 않으면 안 되는 것이다. 경우에 따라서는 학문을 하는 이가 혹여 사람이 한 일을 배척하며 쓸모없는 짓이라고 무시한다. 특히 '세상에 쓸모없는 것이 없다면 쓸모없는 일도 없다'는 이치를 모른다. 학문이나 학자가 배척한 쓸모없는 것이 도리어 크게 도움이 된다는 것을 어찌 알 수 있는가. 만약 인간의 의식주에 그 무엇 하나 도움이 되지 않은 것은 모두 쓸모없다고 생각하면, 하늘이 만물을 낳으면서 하늘은 또 왜 쓸모없는 것들을 많이도 만들었을까? 목재가 될 수 없는 초목도 있고 먹을 수 없는 금수와 곤충, 물고기도 있다. 하늘은 도대체 어떤 용도로 이것들을 낳았단 말인가. 정말로 인간의 생각이 쉬이 미치지 못한다. 『역경易經』은 "턱수염을 길러 꾸민다賁其須"라고 했는데, 턱수염은 또 무슨 쓸모가 있는 것인가. 〔언지록 105조〕

〔拾遺〕『장자』「소요逍遙」편에 이런 이야기가 실려 있습니다.

혜자惠子가 장자에게 말했다.

"위魏나라 왕이 큰 박씨를 주길래 그것을 심었더니, 자라나 다섯 석(石: 180리터 정도이나 들어갈 정도의 열매가 열렸소. 물을 담자니 무거워 들 수가 없었소. 확실히 크기는 컸지만 아무 쓸모가 없어 부숴버리고 말았지요."

장자가 말했다.

"선생은 큰 것을 쓰는 방법이 매우 서툴군요. 송나라에 손 안 트는 약을 잘 만드는 사람이 있었소. 그는 그 약을 손에 바르고 대대로 솜을 물에 빠는 일을 가업으로 삼아 왔소. 한 나그네가 그 소문을 듣고 약 만드는 방법을 백금百金을 주고 사겠다고 하자 친척을 모아 의논하며 말했소.

'우리는 솜 빠는 일을 대대로 해오고 있지만 수입은 불과 몇 푼 안 되니, 이 기술을 팔면 단박에 백금이 들어온다. 그러니 팔도록 하자.'

나그네는 그 약 만드는 비결을 사가지고 오吳나라 왕을 찾아가 설득했소. 월越나라가 오나라에 쳐들어오자 오나라 왕은 이 사람을 장군으로 썼는데 겨울에 월나라 군대와 수전을 하여 그들을 크게 무찔렀소. 월나라 군대는 물에서 손이 트는 고통으로 충분히 싸울 수가 없었던 거지요. 오왕은 그 공적을 크게 치하하여 그에게 땅을 나누어 주었소. 손을 트지 않게 하기는 마찬가지이나 한쪽은 영주가 되고 한쪽은 솜 빠는 일에서 벗어나지 못했소. 약을 쓰는 법이 다르기 때문이오.

지금 선생께서 다섯 석이나 드는 박을 갖고 있다면 어째서 그 속을 파내 큰 술통 모양의 배로 만들어 강이나 호수에 띄우고 즐기려 하지 않고 납작하여 아무것도 담을 수 없다고 푸념만 하시오. 역시 선생은 마음이 꽉 막혀 있군요."

혜자가 장자에게 말했다.

"내게 큰 나무가 있는데 사람들은 그걸 가죽나무라고 하더군요. 줄기는 울퉁불퉁하여 먹줄을 칠 수가 없고 가지는 비비 꼬여서 자를 댈 수가 없소. 길에 서 있지만 목수가 거들떠보지도 않소. 그런데 선생의 말은 이 나무와 같아 크기만 했지 쓸모가 없어 모두들 외면해 버립니다."

그러자 장자가 말했다.

"선생은 너구리나 살쾡이를 아실 테죠. 몸을 낮게 웅크리고서 놀러 나온 닭이나 쥐를 노려, 이리 뛰고 저리 뛰며 높고 낮은 데를 가리지 않다가 결국은 덫에 걸리거나 그물에 걸려서 죽지요. 그런데 검은 소는 크기가 하늘에 드리운 구름 같아 큰일은 하지만 쥐는 잡을 수가 없소. 지금 선생에게 큰 나무가 있는데 쓸모가 없어 걱정인 듯하오만, 어째서 아무것도 없는 드넓은 들판에 심고 그 곁에서 마음 내키는 대로 한가로이 쉬면서 그 그늘에 유유히 누워 자보지는 못하오. 도끼에 찍히는 일도 누가 해를 끼칠 일도 없을게요. 그런데 쓸모가 없다고 어째서 괴로워한단 말이오."

봄바람과 가을 서리의 처세술

남은 봄바람처럼 대하고, 가을 서리처럼 스스로를 삼가야 한다. 〔언지후록 33조〕

〔拾遺〕『채근담』에 이런 말이 있습니다.

"청렴결백하면서도 아량이 넓고, 어질고 인자하면서도 결단력이 강하며, 총명하면서도 남의 결점을 잘 들추어내지 않고, 정직하면서도 지나치게 따지지 않는다면 그것은 이른바 꿀을 넣은 음식이면서도 달지 않고 해산물이면서도 짜지 않은 것과 같으니, 이것이야말로 아름다운 덕이다淸能有容, 仁能善斷, 明不傷察, 直不過矯, 是謂 "蜜餞不餂, 海味不鹹, 纔是懿德.″

곤란한 일을 처리하는 법

무릇 크디크게 곤란한 일이 닥쳤을 때는 조급하게 해결하려고 해서는 안 된다. 당분간은 그대로 관두는 게 좋다. 하룻밤 그대로 놔둔 채 베갯머리에서 대략 어느 정도의 궁리를 하면서 자보라. 다음날 아침 해가 밝아 머리가 산뜻할 때 계속해서 궁리를 하다 보면 반드시 하나의 길이 어렴풋이 보인다. 그러면 사리가 자연스레 마음속에 집중된다. 이런 연후에 천천히 난제를 하나씩 하나씩 처리하면 대체로 실수가 터지지 않는다. [언지후록 45조]

[拾遺] 『논어』 「자로」편 17장에서, 자하가 거보의 읍재邑宰가 되어 정치를 여쭙자 공자가 말하였습니다.

"빨리 성과를 보려 하지 말고, 작은 이익을 추구하지 말라. 빨리 성과를 보려 하면 제대로 성과를 달성하지 못하고, 작은 이익을 추구하면 큰일이 이루어지지 않는다無欲速, 無見小利.欲速, 則不達; 見小利, 則 大事不成."

명리名利는 꼭 나쁜 것인가?

명예와 이익은 원래 나쁜 것이 아니다. 단지 이를 자신만을 위해 쓰는 게 문제다. 비록 누구라도 명리를 얻고 싶어 하지만 각자에게 어울리게 얻는 것이 좋다. 그것이 천리에 맞다. 무릇 명리를 좋아함에는 한도가 없는 게 인지상정이다. 그러나 그 사이에도 크고 작음이 있고 무거움과 가벼움이 있으니 여기서 균형을 맞추어 중용을 얻으면 이것이 바로 천리와 어울리는 것이다. 명리는 단지 자기 자신에게 재앙을 초래하기에 두려워하는 사람이 있지만 명리 그 자체가 어떻게 재앙을 불러오겠는가. 〔언지후록 122조〕

〔拾遺〕맹자는 정말로 돈을 버는 것이 인의도덕을 기초로 하지 않으면 결코 영원할 수가 없다며 다음과 같이 말했습니다.

"양혜왕梁惠王께서는 어째서 이익에 대해서만 말하십니까? 정말로 중요한 것은 인의가 있을 뿐입니다. 만약 한 나라의 왕이 '어떻게 하면 나의 나라를 이롭게 할 수 있을까'라고 생각하면, 그 아래에 있는 대부는 '어떻게 하면 내 집안을 이롭게 할 수 있을까'를 생각하게 됩니다. 이처럼 위아래가 다투어 자신의 이익을 취하려 하면 나라는 위태로워집니다. …… 만약 의리를 뒤로 돌리고 이익을 앞세운다면 더 많은 것을 빼앗지 않고는 만족해하지 않을 것입니다

王何必曰利, 亦有仁義而已矣, 王曰 '何以利吾國?' 大夫曰 '何以利吾家?' 士庶人曰 '何以

利吾身?' 上下交征利而國危矣. …… 苟﹁后﹁而先利, 不奪不饜."

선물에는 사람의 마음이 살고 있다

물건은 무심하지만 사람의 마음이 깃들어 있다. 그러므로 사람이 보내는 선물에는 반드시 그것을 보낸 사람의 마음이 함께 살고 있다. 실의에 빠진 사람이 보낸 선물에는 실의의 마음이 실려 있고, 호사스러운 사람이 보낸 선물에는 호사스러운 마음이 깃들어 있으며, 떳떳이 세상에 나와 살지 못하고 묻혀 지내는 사람이 보낸 선물에는 상심傷心이 있고 아첨하는 사람이 보낸 선물에는 알랑거리는 마음이 묵고 있다. 단지 명분이 확실한 선물만을 부득이하게 받아야만 한다. 선물과 선물을 보낸 사람의 마음은 이렇게 통하여 있기 때문에 달갑게 받을 수 없는 선물이 있기 마련인 것이다. 오로지 군자와 아버지로부터 받은 선물과 마음이 바른 사람, 덕을 갖춘 사람이 보낸 선물이 비록 사소한 것일지라도 몹시도 삼가는 마음으로 받지 않으면 안 된다. [언지후록 175조]

싸우지 않고도 이길 줄 알라

공격을 하는 측은 세력에 여유가 있고 수비를 하는 측에는 세력이 충분하지 않는 게 병법에서는 당연할지 모른다. 그러나 나에게는 수비하는 쪽이 여유가 있고 공격하는 쪽이 세력이 부족하다고 생각한다. 공격하지 않아도 공격을 할 때랑 같은 효과를 내면 이것이 공격하는 측의 최상책이다. 〔언지후록 195조〕

〔拾遺〕『손자병법』「군형軍形」편에서 손자孫武는 "적이 승리하지 못하도록 만드는 조건은 아군 쪽에 달려 있으며, 아군이 적을 이길 수 있는 조건은 적군 쪽에 달려 있는 것이다. ……적이 승리할 수 없게 만드는 것은 아군의 수비이며 아군이 승리를 할 수 있게 하는 것은 공격이다. 병력이 부족하면 수비를 하고 병력이 여유가 있으면 공격을 한다不可勝在己, 可勝在敵. ……不可勝者, 守也; 可勝者, 攻也. 守則不足, 攻則有餘"라고 말하였습니다.

공적을 자랑하지 말라

옛 현인 중에는 국가에 큰 공적이 이루고 큰일을 이룬 사람도 있었다. 나 자신은 그것을 마치 가벼운 것도, 약간 뜬구름과 같은 막연한 기분으로 보고 있고 대단히 큰일을 했다고도 생각하지 않는다. 나는 옛날에 그러한 사람이 있던 것을 듣고 있다. 지금은 그러한 사람을 꿈과 같은 이야기로 도저히 볼 수 없다. [언지후록 254조]

〔拾遺〕『채근담』에 이런 말이 있습니다.

"온 세상에 알려질 만큼 큰 공로를 세웠다고 할지라도 스스로 그 일을 자랑한다면 아무런 가치가 없을 것이며, 하늘에 가득 찰 만큼 큰 죄를 지었더라도 진심으로 깊이 뉘우친다면 그 죄는 용서받을 수 있을 것이다蓋世功勞, 當不得一箇矜字. 彌天罪過, 當不得一箇悔字."

큰 인물의 도구로만 쓰인다면
부끄러운 일이다

　대략 사람이 학문을 할 때를 즈음하여 높고 큰 곳을 따르면 큰
인물이 되고, 세세하고 시시하고 작은 곳만을 따르면 작은 인물
이 된다. 요즈음 독서인은 까다롭고 번거로운 자구의 고증이나
자질구레한 것을 해 자신이 평생 이루어야 할 일을 멈추고 만다.
한탄스러운 일이다. 여기에 한 명의 큰 인물이 작은 인물에게
이렇게 말하고 있다. "사람은 제각기 특유의 재능을 갖추고 있기
에 마치 도구나 기계가 각각 특수한 용도에 따라 쓰이듯이, 사람
도 그 능력에 따라 쓸 수가 있다. 그래서 한 사람으로 하여금 장점
을 충분히 살리도록 하여 그 결과를 자신이 이용하면 자신은 고생
을 하지 않고 그 사람도 자신의 능력을 십분 발휘할 수가 있다. 그
러면 둘 다 얻는 게 있지 않은가?" 다른 큰 인물로부터 자신이 일종
의 도구나 기계로서 쓰이는 한 명의 동료로서 다루어진다고 한다
면, 학문에 뜻을 둔 자로서 어찌 부끄럽지 않겠는가? [언지만록 66조]

공명과 이익을 좇는 자들의
언로를 경계하라

나라에 바른 도가 행해질 때에 신하로서 직언을 하는 언로가
열려 있는 것은 정말로 기쁜 일이다. 단지 우려해야 할 점은 공
명과 이익을 목적으로 일을 하는 자들은 언로가 열린 점을 악용
해 이곳저곳에 나타나 여러 가지 상주를 올리지만 사실 그 바
라는 바가 크게 다른 점이 있으므로 이를 주의 깊게 살펴보아야
한다. 〔언지만록 134조〕

은혜와 원망은 어떤 작은 일로부터 온다

인정이 자신을 향해 오는가 아니면 등을 돌리는가는 공경 혹은 교만에 달려 있다. 공경하면 사람이 자신을 향해 다가오고, 교만하면 사람은 등을 돌리게 마련이다. 사람에게 은혜를 입으면 보답하는 일 역시도 소홀히 해서는 안 된다. 은혜와 원망은 어떤 작은 일로부터 오므로 신중해야 한다. 〔언지만록 151조〕

〔拾遺〕『채근담』에 이런 말이 있습니다.

"천금으로 일시적인 환심조차 사기 어려울 수 있고, 한 사발의 밥도 평생토록 고맙게 여겨지는 수가 있다 千金難結一時之歡, 一飯竟致終身之感."

『논어』「헌문憲問」편 제36장에서 공자는, "그러면 덕은 무엇으로 갚겠는가? 원한은 그릇된 것을 바로잡는 마음으로 갚고, 은덕은 은덕으로 갚는 것이다"라고 말하였습니다.

정의와 지혜가 만나야 최고의 과감성이다

　과단성은 정의에서 오는 것이기도 하고 지혜로부터 오는 것
이기도 하고 용기에서 오는 것이기도 하는데 정의와 지혜가 합
쳐져 오는 게 최상의 과단성이다. 단순하게 용기로부터만 오는
과단성은 위험하다. 〔언지만록 159조〕

　〔拾遺〕 니토베 이나조는 『무사도』에서 "용기는 정의를 위해 실천
하지 않으면 사람의 덕으로서 가치가 없다"라고 하였습니다.

　공자는 『논어』 「양화陽貨」편 제23장에서 자로子路가 "군자는 용기
를 숭상합니까?君子尙勇乎?"라고 여쭙자 이렇게 말하였습니다.

　"군자는 의로움을 최상으로 여긴다. 군자가 용기만 있고 의로움
이 없으면 난을 일으키고, 소인이 용기만 있고 의로움이 없으면 도
적질을 하게 된다子曰: 君子義以爲上. 君子有勇而無義爲亂, 小人有勇而無義爲盜."

처세의 달인과 공자

공자가 『논어』에서 통달한 사람은 "남의 말을 잘 헤아리고 안색을 잘 살피며, 자신을 남보다 낮추어 생각한다"고 했는데, 처세법으로 이 두 구절만 한 것은 없다. 〔언지만록 212조〕

〔拾遺〕 『논어』 「안연」편 제20장은 이렇습니다.

자장이 여쭈었다. "선비는 어떻게 하면 통달했다고 할 수 있습니까?"

공자께서 말씀하셨다. "네가 말하는 통달이란 것이 무엇이냐?"

자장이 대답하였다. "나라 안에서도 반드시 명성이 있고 집안에서도 반드시 명성이 있는 것입니다."

공자께서 말씀하셨다. "이는 명성이 있는 것이지 통달한 것이 아니다. 통달한다는 것은 본바탕이 곧고 의로움을 좋아하며 남의 말을 잘 헤아리고 안색을 잘 살피며, 자신을 남보다 낮추어 생각하여 나라 안에서도 반드시 통달하고 집안에서도 반드시 통달하는 것이다. 명성이 있다는 것은 겉모습은 인을 취하면서도 행실은 인에 어긋나고 그렇게 살면서도 의심조차 없어서 나라 안에서도 명성이 있고 집안에서도 명성이 있는 것이다."

은혜를 팔지 말라

은혜를 팔지 말라. 도리어 원망을 사고 만다. 스스로 명예를 추구하려고 하지 말라. 실질이 없는 명예는 사람들의 비방을 사고 만다. (언지만록 247조)

〔拾遺〕『역경』「중부中孚」편은 "닭이 하늘에 올라갔으니 어찌 오래 머무를 수 있겠는가翰音登于天, 何可長也"라고 했습니다. 실력이 없는 자가 높은 명예직에 오르면 오래 지속되지 못한다는 것입니다.

또 『채근담』에는 이런 말이 있습니다. "원망은 덕으로 인해 나타나니 남들로 하여금 나를 덕 있다고 여기게 하기보다는 덕과 원망 양쪽을 다 잊게 하는 것이 나으며, 원수는 은혜로 인해 생기니 남들로 하여금 나의 은혜를 알게 하기보다는 은혜와 원수를 모두 없애는 것이 낫다怨因德彰. 故使人德我, 不若德怨之兩忘. 仇因恩立. 故使人知恩, 不若恩仇之俱泯."

사람은 반드시 스스로를 업신여긴 후에 남이 업신여긴다

소와 말에게 꼴을 먹이는 어린아이가 허리를 숙여 절을 하더라도 고개를 끄덕이며 인사를 하지 않으면 안 된다. 또한 젖먹이가 팔짱을 끼며 친근함을 표하더라도 깔보고 놀려서는 안 된다. 군자는 공손함을 갑옷으로 삼고 겸손하게 양보하는 마음을 방패로 삼는데 감히 그 누구에게 무례를 범하겠는가. 그래서 옛 사람은 "무릇 사람은 반드시 스스로를 업신여긴 후에 남이 업신여긴다"고 하였다. [언지질록 93조]

〔拾遺〕『맹자』「이루상」편에 맹자가 말한 다음과 같은 글귀가 있습니다. "무릇 사람은 반드시 스스로를 업신여긴 후에 남이 업신여기고, 집안도 반드시 스스로 망친 후에 남이 망치고, 나라도 반드시 스스로 공격한 뒤에 남이 공격한다. 『서경』의 「태갑」에서 '하늘이 만든 재앙은 오히려 피할 수 있어도 스스로 만든 재앙은 빠져나갈 길이 없다'고 한 것은 바로 이것을 말함이다."

과녁도 없이 화살을 쏘지 말라

세간의 모든 일을 처리하는 데 마땅히 우선 그 결과를 고려한 후에 시작하여야 한다. 노도 없는 배에는 오르지 말고 과녁이 없는 화살을 쏘지 말라. 〔언지질록 114조〕

처세의 도는 득실이라는
두 글자에 녹아 있다

세상을 건너는 도는 득실得失이라고 하는 두 글자에 있다. 즉 얻어서는 안 되는 것은 얻지 말아야 하고, 또 잃어서는 안 되는 것은 잃지 말아야 한다. 이것이 처세의 도이다. [언지질록 124조]

활을 쏘아 정곡을 못 맞추면
과녁이 아니라 자신을 탓하라

　『중용』은 "군자는 순리대로 생활하면서 명命을 따르나 소인은
위태롭게 행동하면서 요행을 바란다. 공자가 다음과 같이 말하
였다. 활쏘기는 군자가 자신의 행동을 되돌아볼 때와 유사하다.
활을 쏘아서 정곡을 맞추지 못하면 돌이켜 그 자신에게서 원인
을 찾는다君子居易以俟命, 小人行險以徼幸. 子曰, 射有似乎君子. 失諸正鵠, 反求諸其身"
고 하였다. 순리대로 생활한다는 것은 안분지족을 뜻하고 명은
의식을 하지 않으면서 자연스럽게 천명을 기다린다는 것이다.

〔언지질록 138조〕

진짜 공적과 명성은 피하지도, 너무 자랑하지도 말라

공적이나 명성에도 진짜와 가짜가 있다. 실제 자신이 땀을 흘려 맺은 공적은 사람의 힘으로 할 수 있는 일이고 그 열매와 함께 명성도 자연스럽게 따라오는데, 그것이 오는 대로 자연스럽게 맡겨두면 된다. 단지 함부로 공을 자랑하거나 가짜 명예를 얻으려고 하는 것이 좋지 않을 뿐이다. 또한 반대로 스스로의 힘으로 이룬 진짜 공적을 피하면서 자신과는 무관하다면서 스스로는 바보인 척하는 것도 짐짓 자신을 꾸미는 작위적인 마음일 것이다. 〔언지질록 209조〕

〔拾遺〕 주희의 『근사록近志錄』에 이런 구절이 있습니다.

"명성을 구하는 데 뜻을 두는 것은 진실을 힘쓰는 것이 아니다. 의도하는 마음을 가지고 행하는 것은 곧 이로움을 추구하는 마음이다志於求名, 則非務實, 有爲而爲, 卽是利心."

주희가 편찬한 『송명신언행록宋名臣言行錄』을 보면, 구양수는 "은

혜를 자신의 덕으로 삼는 사람은 원망은 남에게 뒤집어씌우려고 한
다"며 이렇게 말했습니다.

"은공을 모두 자기에게 돌린다면 원망은 또한 누구에게 씌우려
는가?恩欲歸己, 怨使誰當"

8장

—

마흔이 지나서야 세월의 아까움을 안다:

삶과 죽음, 늙어감에 관하여

인간사는 서서히 변하기 마련이다

　하늘의 도리天道는 서서히 운행되고, 모든 인간사도 서서히 변하기 마련이다. 반드시 그렇게 되어야만 하는 형세가 있기에 멀리 벗어날 수가 없고, 또 서둘러 재촉해서 빨리 할 수도 없는 노릇이다. 〔언지록 4조〕

마흔이 지나서야 세월의 아까움을 안다

사람은 젊고 힘이 넘칠 때는 세월이 아깝다는 것을 모른다. 설사 알더라도 그렇게 크게는 아까워하지 않는다. 마흔 살이 지나면서 처음으로 시간이 아깝다는 것을 안다. 이를 이미 알 때는 힘도 점점 쇠해진다. 그러므로 사람이 배우기 위해서는 젊을 적에 뜻을 세우고 열심히 노력해야 한다. 그렇지 않으면 나중에 제아무리 후회한들 역시나 이롭지 않다. 〔언지록 123조〕

〔拾遺〕 순자荀子는 『순자』「권학勸學」편에서 뜻을 세우고 묵묵히 일해야 한다며 지렁이와 게의 이야기를 들려줍니다.

"지렁이는 날카로운 발톱과 이빨과 힘센 근육이나 뼈를 가지고 있지 않지만, 위로는 티끌과 흙을 먹고 아래로는 땅 속의 물을 마시는데, 그것은 한결같은 마음을 쓰기 때문이다. 게는 여덟 개나 되는 발에다 두 개의 집게를 지니고 있지만 장어의 굴이 아니면 의탁할 만한 곳이 없는 것은 산만하게 마음을 쓰기 때문이다. 그러므로 굳

은 뜻이 없는 사람은 밝은 깨우침이 없을 것이며, 묵묵히 일하지 않

는 사람은 혁혁한 공을 이루지 못할 것이다."

죽음을 바라보는 성인과 현인
그리고 보통사람의 차이

성인은 생사를 초월하고 있기에 죽음을 태연자약하게 받아들이고, 현인은 생자필멸의 이치를 알고 있기에 죽음을 잘 인정하고, 보통사람은 단지 죽음을 두려워할 뿐이다. [언지록 132조]

죽음과 삶은 낮과 밤과 같다

현명한 자는 죽음을 맞이하여, 마땅히 죽음을 자연의 도리로 당연하게 보고 거기에 만족하기 때문에 죽음을 두려워하는 것을 수치스럽게 생각하며 편안하게 죽기를 바란다. 그러므로 임종 때도 마음에 흐트러지는 바가 없다. 또한 남겨진 유훈이 있어 귀담아 들을 만하다. 그런데 현인이 성인에 미치지 못하는 것은 바로 이 유훈에 있다. 성인은 그 평상시의 언동 하나에서도 교훈이 아닌 것이 없고 죽을 때라고 특별히 유훈을 남기거나 하지 않는다. 생사를 마치 밤과 낮의 교대와 같이 실로 당연하게 여기므로 아무런 신경을 쓰지 않는다. 〔언지록 133조〕

보통 사람의 죽음

보통 사람은 평소 칭찬받을 만한 일을 하나도 하지 않음에도 이따금 병이 위급해지면 착실해져, 스스로 일어날지도 모르는 일을 아는 양 훌륭한 유언을 하며 조금도 흐트러지지 않은 게 마치 현자와 같다. 이는 바로 임종에 즈음한 한마디는 들을 만한 가치가 있다는 것이다. 일종의 임종의 징후로서 이러한 사람도 있으니 또한 알아두어야만 한다. 〔언지록 135조〕

〔拾遺〕『논어』「태백泰伯」편에서 증자가 이렇게 말했습니다.

"새가 죽으려 할 때면 그 울음소리가 슬퍼지고 사람이 죽으려 할 때면 그 말이 선해집니다鳥之將死, 其鳴也哀. 人之將死, 其言也善."

삶과 죽음을 모두 하늘에 맡겨라

  생물은 모두 죽음을 두려워한다. 인간은 만물의 영장이다. 당
연히 죽음을 두려워하면서도 죽음을 두려워하지 않기 위한 이
치를 찾아내야 한다. 나는 다음과 같이 생각한다. 자신의 신체
는 천명을 받아 이 세상에 태어났기 때문에 삶과 죽음의 권리
는 하늘에 있다. 따라서 천명을 따를 수밖에 없다. 우리들이 태
어난 것은 자연의 힘으로 태어나므로 즐거움을 모른다. 또한 우
리들이 죽는 것 역시 자연적이기에 죽을 때에 슬퍼할 필요가 없
다. 하늘이 우리들을 낳았고 하늘이 우리들을 죽음의 때에 이르
게 하였다. 따라서 삶도 죽음도 하늘에 맡기고 두려워하지 않는
게 좋다. 나의 본성은 하늘이 주었고, 이 몸은 하늘이 준 본성을
간수해 둔 방이다. 정기가 응고되어 형태를 이루면 하늘^{본성}은
이 방에 머물고, 혼이 빠져나가면 하늘은 이 방을 떠난다. 죽으
면 태어나고 태어나면 죽는데 우리의 본성이 본성인 까닭은 늘

사생의 밖 즉 삶과 죽음을 초월하고 있기에 나는 죽음을 두려워하지 않는다. 낮과 밤에 하나의 도리가 있고 사생에도 하나의 도리가 있다. 시작이 있으면 끝이 있고 봄이 있으면 겨울이 있듯이 생사도 이와 같다. 간단하고 알기 쉬운 진리다. 우리들은 이 진리에 따라 스스로를 성찰해야 한다. 〔언지록 137조〕

〔拾遺〕『논어』「선진」편 제11장은 다음과 같습니다.

계로가 귀신 섬기는 일에 대하여 여쭙자, 공자께서 말씀하셨습니다.

"사람도 제대로 섬기지 못하는데 어찌 귀신을 섬길 수 있겠느냐?"

"감히 죽음에 대하여 여쭙겠습니다."

공자께서 대답했습니다.

"삶도 제대로 알지 못하는데 어찌 죽음을 알겠느냐?"

季路, 問事鬼神. 子曰 : "未能事人, 焉能事鬼?"

"敢問死." 曰 : "未知生, 焉知死?"

하늘이 준 죽음을 두려워하지 않는 마음

죽음을 두려워하는 것은 태어난 후의 감정이다. 몸이 있고 난 후에 감정이 생기기 때문이다. 죽음을 두려워하지 않음은 태어나기 전의 본성이다. 사람은 몸을 떠나야 처음의 이 본성을 알 수가 있다. 사람은 모름지기 죽음을 두려워하지 말아야 하는 이치를, 죽음을 두려워하는 와중 즉 태어난 후에 스스로 깨달아야 한다. 이래야 필시 본성으로 돌아갈 수 있을 것이다. 〔언지록 138조〕

노인의 깨달음

노인은 많은 사람이 우러러 바라보며 공경하고 따르기 때문에 그 말과 행동을 더욱 단정하게 해야 하고, 그 기개는 더욱더 장대하지 않으면 안 된다. 그리고 많은 사람들을 포용하는 국량을 지니고 재능이 있는 자를 육성하고자 하는 뜻을 세우는 게 가장 훌륭하다. 그런데 요즈음 노인들은 너무나 많은 나이를 먹었다고 푸념하면서 자기 자신이 남에게 도움을 받는 것에 만족하는 사람이 있는가 하면, 아직껏 소년들이나 하는 유치한 짓을 하는 사람이 있다. 모두 다 삼가야 할 일이다. [언지후록 108조]

취생몽사 ^{醉生夢死}하지 말라

자기 자신이라고 하는 사람은 백년이 지나면 이 세상으로 다시 태어나오는 것이 아니다. 그러므로 하루하루를 가치 있게 보내지 않으면 안 된다. 〔언지후록 109조〕

〔拾遺〕『채근담』에 이런 말이 있습니다.

"하늘과 땅은 만고에 존재하되 이 몸은 다시 얻을 수 없고, 인생은 다만 백년뿐이로되 오늘이 가장 지나가기 쉽도다. 다행히 그 사이에 태어난 사람은 생의 즐거움을 몰라서도 안 되고, 또한 헛된 인생의 근심을 품지 않아서도 안 되리라 ^{天地有萬古, 此身不再得. 人生只百年,} ^{此日最易過. 幸生其間者不可不知有生之樂, 亦不可不懷虛生之憂.}"

또『법구경』에는 이런 말이 있습니다.

"사람의 몸을 얻기 어렵다. 세상에 나서 오래 살기 어렵다. 부처님이 세상에 나시기 어렵고 그 부처님 법을 듣기 어렵다 ^{得生人道難, 生} ^{壽亦難得. 世間有佛難, 佛法難得聞.}"

나이가 들수록 시視하고, 관觀하고, 찰察하라

『논어』「위정」편 제10장에서 공자는 이렇게 말했다. "그 사람이 하는 것을 곧장 바라보고, 그 동기를 살펴보고, 무슨 일을 하고 나서 편안해하는지를 곰곰이 관찰해 보아라. 어찌 사람 됨됨이를 감추겠는가, 어찌 저라는 사람됨을 숨기겠는가?視其所以, 觀其所由, 察其所安. 人焉廋哉, 人焉廋哉?." 이 '시·관·찰視觀察법'을 나의 일평생에 배치해 보면 서른 살 이전에는 무슨 큰일도 없고 얕고 엉성하게 보기에 시視의 시대와 비슷하고, 서른 살부터 쉰 살까지는 '시'보다 조심해 보기 때문에 관觀의 시대와 비슷하고, 쉰 살부터 일흔 살까지는 전보다도 정통하게 생각하기 때문에 찰察의 시대와 비슷하다고 할 수 있다. 찰의 시대에는 천명을 자각하고 인생을 즐겁게 살도록 해야 한다. 나는 지금 예순여섯 살이나 아직 깊은 도리의 길에 접어들지 못했다. 하물며 천명을 깨닫고 생사와의 이해를 초월하여 마음의 평안한 안심입명安心

立命을 하기는 어렵다. 나는 남은 생이 적기 때문에 아주 힘쓰지 않으면 안 된다. 〔덴보天保 8년1837년, 7월, 사토 잇사이 66세 적는다〕 〔언지후록 240조〕

의지와 기개에는 젊고 늙음의 차별이 없다

몸에서 발하는 혈기에는 늙음과 젊음에 차별을 두지만, 의지와 기개는 노소^{老少}의 차별이 없다. 노인이 면학을 할 때에는 더욱 사기를 북돋아 나이가 젊고 혈기가 왕성한 젊은이에게 지지 않는다. 젊은이들은 앞날이 창창해서 설령 오늘 공부를 하지 않아도 언젠가 벌충을 할 수 있는 시간이 온다. 그러나 노인에게는 정말로 장래를 보충할 날이 오지 않는다. 주자는 「권학문^{勸學問}」에서 "오늘 배울 것을 내일로 미루지 말고, 올해 배울 것을 내년으로 미루지 말라! 해와 달은 가고 세월은 나를 기다리지 않으니 오호라, 늙어 후회한들 누구의 허물이련가"라고 노래하였다. 『역경』은 「이괘^{離卦}」에서 "해가 기우는데 산짐승을 만나니, 장구를 치고 노래를 부르지 않으면 늙은이가 탄식하니 흉하다 _{日昃之離, 不鼓缶而歌, 則大耋之嗟, 凶, 象曰, 日昃之離, 何可久也}"라고 하였다. 즉 '인생은 짧기에 악기라도 연주하고 노래하며 즐겁게 보내지 않으면 헛되이 나이를 먹다 영감이 되어버렸다는 한이 남기에 그무슨 이익도 없이 흉하다'는 것이다. 문득 마음으로 느끼는 바, 이를 적어 스스로 경계를 하는 바이다. 〔덴보天保 8년1837년 12월 1일 쓰다. 사토 잇사이 66세〕〔언지후록 243조〕

〔拾遺〕 주자朱子의 시 「권학문勸學問」은 이렇습니다.

오늘 배울 것을 내일로 미루지 말고, 올해 배울 것을 내년으로 미루지 말라!

해와 달은 가고 세월은 나를 기다리지 않으니 오호라, 늙어 후회한들 누구의 허물이련가.

소년은 쉽게 늙고 학문은 이루기 어려우니 순간의 세월을 헛되이 보내지 마라.

연못가의 봄풀이 채 꿈도 깨기 전에 계단 앞 오동나무 잎이 가을을 알리네.

勿謂今日不學而有來日, 勿謂今年不學而有來年.

日月逝而歲不我延, 嗚呼老而是誰之愆.

少年易老學難成, 未覺池塘春草夢.

階前梧葉已秋聲, 一寸光陰不可輕.

산 중턱까지 가는 것은 쉽지만,
산 중턱에서 꼭대기까지 오르는 것은 어렵다

나는 젊을 적에 원기도 왕성하고 두뇌도 예민했다. 그래서 이
학문이라고 하는 것을 쉽게 배울 수 있을 것이라고 생각했다.
그런데 만년에 이르러서는 매사에 좌절하며 생각처럼 되지 않
는다. 가령 등산과 같은데, 산기슭에서 산 중턱까지 가는 것은
용이하지만 산 중턱에서 꼭대기까지 오르는 것은 힘들다. 만년
이 되고 나서 하는 것은 모두 인생의 결말이다. 옛사람이 말하
기를, "백 리를 가는 사람은 구십 리를 반으로 한다"고 하였다.
정말로 그러하다. 〔언지만록 257조〕

늙는다는 것은 밀물과 썰물과 같다

　사람은 마흔이 넘으면 점차 나이가 들어감을 느끼고 칠십, 팔십이 되면 정말로 완전히 늙게 된다. 이렇게 늙는다는 것은 마치 바닷물과 같다. 썰물은 한꺼번에 물러나는 게 아니라 반드시 물러났다 되돌아왔다 하며 천천히 빙빙 돌며 물러난다. 밀물도 이와 마찬가지다. 사람들은 자신이 늙어감을 스스로 시험 삼아 볼 줄 알아야 한다. 〔언지만록 282조〕

장수는 우주적 관점에서 보면
찰나의 한 호흡에 지나지 않는다

내가 태어나기 전에도 천고만고의 세월이 흘렀고 내가 태어
난 후에도 천세만세의 세월이 흐를 것이다. 가령 내가 백 년을
살더라도 우주적 관점에서 보면 찰나의 한 호흡에 지나지 않는
다. 지금 다행히도 한 사람으로서 살아가면서 사람의 본분을 다
한 후에 일생을 마치고 싶다. 내가 마음으로부터 바라는 나의
본령은 여기에 있다. 〔언지만록 283조〕

〔拾遺〕『채근담』에 이런 말이 있습니다.

"봄이 와서 계절이 화창하면 꽃은 한층 더 아름답게 피어나고 새
들도 고운 노래를 지저귄다. 군자가 다행히 세상에 알려져서 따뜻
하고 배부르게 살면서도 좋은 말과 좋은 일을 하지 않으면 비록 백
년을 살았더라도 하루도 살지 않은 것과 같다 春至時和, 花尚鋪一段好色,
鳥且嚲幾句好音. 士君子, 幸列頭角, 復遇溫飽, 不思立好言行好事, 雖是在世百年, 恰似未
生一日."

삶은 죽음의 시작이요, 죽음은 삶의 끝이다

삶은 죽음의 시작이요, 죽음은 삶의 끝이다. 태어나지 않았다면 죽을 까닭도 없고, 죽지 않으면 태어날 리도 없다. 삶은 물론 삶이요, 죽음 역시도 죽음이다. 『역경』「계사전」에서 "끊임없이 생하는 것을 역이라고 한다"가 바로 이를 말함이다. [언지만록 285조]

죽음도 장수도 천명이다

　사람의 수명에는 일정한 운명이 있어 사람이 이것을 길게 하거나 짧게 할 수 없다. 그런데 자신의 의지로 양생을 하고자 하는 것은 그 사람 자신의 뜻에 의해서 그런 게 아니고 하늘이 권한 것이다. 생각대로 반드시 장수를 하는 사람도 또한 하늘이 준 것이다. 요절인가 장수인가를 규명하건대 결코 사람이 그것에 관여해 정하는 게 아니다. 〔언지질록 288조〕

　〔拾遺〕『논어』「안연」편 제5장에서 사마우가 근심스럽게 "남들은 다 형제가 있는데 나 혼자만이 형제가 없구나"라고 말하자, 자하는 삶과 죽음, 부귀가 모두 천명에 달려 있다고 합니다.

　"제가 듣건대 죽고 사는 것은 운명에 달려 있고 부유하고 고귀한 것은 천운에 달려 있다고 합니다. 군자가 공경하는 마음을 가지고 한 순간도 소홀함이 없이 노력하며, 남에게 공손하고 예의를 지킨다면, 온 천하의 사람들이 모두 형제입니다. 군자가 어찌 형제가 없

다고 걱정하겠습니까? 商聞之矣: 死生有命, 富貴在天. 君子敬而無失, 與人恭而有

禮. 四海之內, 皆兄弟也. 君子何患乎無兄弟也?"

인생이란 무거운 짐을 지고, 먼 길을 가는 것이다

책임이 무거운 몸들이다. 그 무거운 짐을 지고 먼 길을 가야 만 하는 게 세월이다. 사람의 인생이란 다름 아니라 무거운 짐을 지고 먼 길을 가는 것이다. 나는 노학자이지만 학문을 계속해서 열심히 배우겠다는 마음을 죽을 때까지 잃지 않을 각오다.

〔언지질록 303조〕

〔拾遺〕『논어』「태백泰伯」편 제7장에서 공자는 말하였습니다.

"선비라면 반드시 넓고 꿋꿋해야 하니, 맡은 바 일이 무겁고 갈 길이 멀도다. 인仁을 자기의 일로 삼으니, 그 또한 책임이 무겁지 않 겠는가? 죽고 나서야 멈춰야 할 터이니 그 또한 갈 길이 멀지 않겠 는가?士不可不弘毅, 任重而道遠. 仁以爲己任, 不亦重乎? 死而後已, 不亦遠乎?"

도연명은 시 「잡시雜詩 · 제1수其一」에서 인생을 이렇게 노래합니다.

"인생이란 뿌리 없이 떠도는 바람에 흩어지는 길섶의 먼지여라. 요리저리 바람에 뒹굴다 사라지는 무상한 몸이라네. 땅에 떨어지면 모두가 형제려니, 하필 친척만을 사랑하랴. 즐거우면 마땅히 노래 부르고, 술 빚으면 이웃을 부르네. 청춘은 다시 오지 않고 하루도 두 번 다시 오지 않으리니, 좋은 시절에 마땅히 힘쓸지니 세월은 사람을 기다리지 않네."

정신적으로 격렬한 것은
노인에게 양생의 독이다

노인이 스스로 양생을 하는 법에는 네 가지가 있다. 첫째는 마음이 온화하며 까다롭지 아니한 것, 둘째 마음을 자연스러움에 맡기며 조급해하지 않는 것, 셋째 경우에 만족하며 넉넉하게 즐길 것, 넷째 하나의 일에 얽매이지 않는 것 등이다. 한층 더 육체적 것뿐만 아니라 정신적으로 격렬한 것은 모두 양생의 독이다. [언지질록 308조]

[拾遺] 공자는 『논어』「옹야」편 제18장에서 이렇게 말하였습니다.

"알기만 하는 사람은 좋아하는 사람만 못하고, 좋아하는 사람은 즐기는 사람만 못하다 知之者不如好之者, 好之者不如樂之者."

찰나의 숨결에서라도 허물을 남기지 말라

노인네가 양생을 잊지 못하는 것은 본래 당연하다. 하지만 그것이 너무 지나치면 일종의 사욕일 수가 있다. 고될 때는 고되고 쓸 때는 써야 하는 게 사람의 길이거늘, 설령 단 한 번의 숨을 쉬는 시간일지라도 사람이 당연히 걸 어야 할 길에서 허물을 남기지 말라. 이것이 곧 사람이 하늘을 섬기는 도이고, 하늘이 사람을 돕는 이치이다. 올바른 양생의 길은 아마도 여기에 있을 것이다. 〔언지질록 319조〕

해는 지고 갈 길이 멀다고 탄식하지 말라

사람의 인생은 20세부터 30대까지는 떠오르는 태양과 같다. 40대부터 60세까지는 한낮의 태양과 같으니 덕을 쌓고 큰일을 이루는 시절이다. 70세부터 80세까지는 몸도 쇠하고 일도 생각만큼 진척이 되지 않아 마치 서쪽으로 지는 해와 같으니 무슨 일도 이루기가 어렵다. 때문에 원기 왕성한 젊은이는 공부를 해야 할 때에 열심히 노력하여 큰일을 이루어내는 게 좋다. 나이가 들어 "해는 지고 갈 길은 멀다"라고 탄식하지 않도록 말이다. 〔언지질록 328조〕

〔拾遺〕 순자는 『순자荀子』 「권학勸學」편에서 "군자는 학문을 하지 않을 수가 없다學不可以已"라며 "푸른 물감은 쪽풀에서 얻지만 쪽풀보다 더 파랗고, 얼음은 물로 이루어졌지만 물보다 차다青取之於藍, 而青於藍"고 했습니다.

도연명陶淵明은 "청춘은 두 번 오지 아니하고, 하루에 새벽은 두 번 있지 아니하다. 때가 되거든 마땅히 학문에 힘쓰라. 세월은 사람을 기다리지 않는다盛年不重來, 一日難再晨, 及時當勉勵, 歲月不待人"라는 시 「귀전원거歸田園居」를 지었고, 주자는 『주문공문집朱文公文集』「권학문勸學文」에서 "소년은 쉽게 늙고 학문은 이루기 어려우니 순간의 세월을 헛되이 보내지 마라. 연못가의 봄풀이 채 꿈도 깨기 전에 계단 앞 오동나무 잎이 가을을 알린다少年易老學難成, 一寸光陰不可輕, 未覺池塘春草夢, 階前梧葉已秋聲"라고 하였지요.

『명심보감明心寶鑑』「근학勤學」편에 다음 구절들이 있습니다.

"장자께서 말씀하셨다. '사람이 배우지 않는 것은 흡사 하늘을 오르는데 아무런 재주도 없는 것과 같으며, 배워서 지혜가 심원해지는 것은 마치 상서로운 구름을 헤치고 푸른 하늘을 보고 마치 높은 산에 올라가 사해四海를 내려다보는 것과 같다莊子曰, 人之不學, 若登天而無術, 學而智遠, 若披祥雲而覩靑天, 如登高山而望四海."

"『예기』에 이르기를, 옥은 쪼지 아니하면 그릇이 못 되고, 사람은 배우지 아니하면 의義를 알지 못한다禮記曰, 玉不琢不成器요, 人不學不知義."

"한유韓愈께서 말씀하셨다. 사람이 고금古今에 통달하지 못하면 말이나 소에게 옷을 입힌 것과 같다韓文公曰, 人不通古今, 馬牛而襟."

"주자께서 말씀하셨다. 집이 만약 가난하더라도 가난으로 인하여 배우기를 저버려서는 안 되며, 집이 만약 부유하더라도 부유한 것을 믿고 배우기를 게을리 해서도 안 된다. 가난하더라도 배우기를 부지런히 하면 입신할 수 있으며, 부유하더라도 배우기를 부지런히 하면 이름이 이내 영광될 것이로다. 배우는 사람이 현달한 것은 보았으되, 배우는 사람이 이룸이 없는 것은 보지 못했노라. 배우는 것은 이내 자신의 보배요, 배우는 것은 이내 세상의 보배로다. 이런 까닭에 배우면 이내 군자가 되는 것이요, 배우지 아니하면 이내 소인이 되는 것이니라. 뒤의 배우는 사람들은 각자 의당 이에 힘써야 한다朱文公曰, 家若貧不可因貧而廢學, 家若富不可恃富而怠學. 貧若勤學可以立身, 富若勤學名乃榮光. 惟見學者顯達, 不見學者無成. 學者乃身之寶, 學者乃世之珍. 是故, 學則乃爲君子, 不學則乃爲小人, 後之學者, 各宜勉之."

"송 휘종께서 말씀하셨다. 배우는 사람은 벼와 벼 낟알과 같고, 배우지 아니하는 사람은 쑥이나 풀과 같다. 벼와 벼 낟알 같음이여! 나라의 곡식이요 세상의 큰 보배로다. 쑥 같고 풀과 같음이여! 밭을 가는 사람이 미워하고 싫어하며 김매는 자가 번뇌하는 것이로다. 장차 벽을 보고 후회한들 그때는 이미 늙어버린 뒤다徽宗皇帝曰, 學者는 如禾如稻, 不學者如蒿如草. 如禾如稻兮, 國之精糧, 世之大寶. 如蒿如草兮, 耕者憎嫌, 鋤者煩惱, 他日面墻, 悔之已老."

죽으면서 사적인 정에 집착하지 말라

사람이 밟아가야 할 도는 오로지 성誠과 경敬 두 가지뿐이다. 살아서 그 성을 다하고 죽으면 그 죽음으로 편안해지는 게 경의 수양을 쌓아 성의 도를 얻는 결과이다. 삶과 죽음은 모두 하늘로부터 오는 것이므로 인력으로 어쩔 도리가 없는 천명에 순종하는 것은 성의 수양으로부터 경의 도를 얻는 것이다. 누군가는 단명하고 누군가는 장수하고, 누군가는 괴롭게 죽고 누군가는 편안하게 죽는 것은 어린아이와 친족의 사적인 정일 뿐, 죽음을 맞이한 이에게는 그러한 집착이 남을 까닭이 없지 않은가. [언지질록 334조]

〔拾遺〕맹자는 『맹자』 「진심상」편에서 "일찍 죽고 오래 사는 것에 개의치 않고 다만 자신의 몸을 닦아서 명을 기다리는 것이 명을 바로 세우는 방법이다. 어느 것이든 명이 아닌 것이 없지만 그중 올바른 것에 순응해 받아들여야 한다夭壽不貳, 修身以俟之, 所以立命也. 莫非命也, 順受其正"고 말하였습니다.

불로장생은 양생의 문제가 아니다

사람의 기맥은 바닷물의 밀물처럼 찼다가 썰물처럼 빠지고 보름달처럼 찼다가 그믐달처럼 이지러진다. 즉 삶과 죽음도 처음부터 하늘이 정한 운수가 있다. 오직 양생을 하여 하늘로부터 내려받은 수명을 다 누리는 것이 천명을 따르는 것이다. 이른바 불로장생은 전혀 양생의 문제가 아닌 것이다. 〔연지질록 335조〕

생사는 하루 밤낮에도
한 순간의 호흡에도 있다

석가모니는 생과 사를 몹시도 중요한 중대사로 여긴다. 나는 그것을 이렇게 말하고 싶다. 밤과 낮도 하루의 생과 사이며, 들이마시고 내쉬는 호흡도 역시 한 순간의 생과 사로서 모두가 일상의 당연한 보통 일이다. 그러나 자기가 자기 자신인 까닭은 생사의 밖에 있는 것이므로 모름지기 스스로 잘 연구해 스스로 깨우쳐야만 한다. 〔언지질록 337조〕

〔拾遺〕 왕양명은 "밤과 낮을 이해할 수 있으면 삶과 죽음도 이해할 수 있다"라고 말했습니다.

태어나기 전의 자신을 찾으면
죽은 뒤의 자신을 찾을 수가 있다

죽음을 맞이하여서는 마땅히 자신이 아직 태어나기 전의 자기 자신을 찾아보는 게 필요하다. 『역경』「계사전繫辭傳」에 "처음으로 미루어 살피고 끝을 돌이켜 보느니라. 그러므로 죽고 사는 원리를 아느니라原始反終. 故知死生之說"라고 하였다. 삶과 죽음을 아는 법이란 바로 이렇다. 〔언지질록 338조〕

고요함이야말로 임종의 성의다

성의를 다하는 것은 평생 동안 지켜야 할 자세다. 한 번의 숨결에도 또한 성의가 늘 존재하니 단 한 번의 숨결이 참된 의미를 지니는 것이다. 임종의 때에는 오로지 그 어떤 번뇌도 없는 고요함이 절실한데, 이것이 임종의 성의이다. (연지질록 339조)

인생을 완전히 끝내는 자의 마음가짐

자신의 몸은 부모가 완전한 모양새로 낳아준 것이다. 때문에 마땅히 완전한 모양새로 이 몸을 돌려드리지 않으면 안 된다. 임종을 할 때는 다른 생각을 하지 말고 오로지 한마음으로 주군과 어버이로부터 받은 크나큰 은혜에 감사하며 눈을 감아야 한다. 이것이 인생을 완전히 끝내는 방법인 '전종全終'이다. 〔언지질록 340조〕

〔拾遺〕『예기』「제의祭義」편은 "부모가 완전한 형상으로 낳아주신 몸을 자식은 언젠가 완전한 형상으로 땅에 되돌려줌으로써 효라고 할 수 있다. 오체를 손상하는 일이 없고 몸을 더럽히는 일이 없는 것이 완전한 형상으로 되돌려 준다고 말할 수 있는 것이다. 그러므로 군자는 반보를 걷는데도 절대로 효를 잊지 않는 법이다父母全而生之. 子全而歸之. 可謂孝矣. 不虧其體. 不辱其身. 可謂全矣. 故君子頃步而弗敢忘孝也"고 하였는데, 왕양명은 이렇게 "자식은 언젠가 부모로부터 물려받은 몸을 완전한 형상으로 땅에 되돌려주는 것"을 전종全終이라 하였습니다.

2500년 동양의 지혜를
아포리즘화한 좌우명의 절창

『불혹의 문장들』의 원전에 해당하는 『언지사록言志四錄』은 『언지록言志錄』(1830년 간행)과 『언지후록言志後錄』(1837년 탈고), 『언지만록言志晩錄』(1850년 간행), 『언지질록言志耋錄』(1854년 간행)이라는 한문으로 쓰인 네 권의 수상록을 훗날 합쳐 부른 이름이다. 수상록은 일정한 계통이 없이 그때그때 떠오르는 생각이나 느낌을 기록한 책이다. 때문에 『언지사록』 1133조항은 각 조항간의 연관성은 없다. 사토 잇사이佐藤一齊, 1772-1859년는 자신의 삶이 원숙해진 마흔을 넘긴 무렵부터 짧은 잠언들을 쓰기 시작했다. 이렇게 42세부터 82세 때까지 40년이라는 기나긴 세월 동안 쓰인 어록은 비슷한 예를 찾아볼 수가 없다.

마흔, 남성적 아포리즘의 절창을 토해내기 시작하다

사토 잇사이의 어릴 때 이름은 노부유키信行였다. 나중에 개명해 휘諱, 돌아가신 높은 어른의 살았을 때의 이름를 단坦이라고 했으며, 스테쿠라捨藏라고 불리기도 했다. 자字는 다이도大道로 『서경』의 「대우모大禹謨」편에서 취한 것이다. 이이치사이惟一齋 또는 잇사이一齋라는 호를 사용했다. 이밖에도 아이니치로愛日樓, 노고켄老吾軒 등의 호도 있고, 에도江都, 지금의 도쿄에서 살았기에 이를 훈독하여 고토江都라고 불리기도 했다.

잇사이는 1772년 10월 20일 에도 하마초濱町에 있는 이와무라번巖邑藩의 에도 저택에서 아버지 사토 노부요시佐藤信由의 2남 2녀 중에서 차남으로 태어났다. 증조부 사토 슈켄佐藤周軒이 처음으로 유학자로서 미노美濃, 지금의 기후현岐阜縣 이와무라번의 가로家老, 번의 중신으로 집안일을 처리하는 직책가 되었고, 조부 사토 신젠佐藤信全과 아버지 역시 이와무라번의 가로였다.

사토 잇사이는 어릴 적부터 책읽기를 특히나 좋아하고 다른 아이들보다 재능이 뛰어나 일찍부터 성현의 경서를 접하였다. 열두세 살이 되어서는 이미 어른이 된 것처럼 두각을 나타내며 그 스스로도 천하제일의 인물이 되겠다는 입지를 세웠다. 1784년에 이와무라번의 번주인 마쓰다이라 노리모리松平乘蘊의 셋째 아들 고衝가 17세로 성인식을 치르게 되었을 때 잇사이의 아버지 노부요시가 에보시오야烏帽子親, 성인식에서 에보시라는 일본 전통 모자를 씌워주는 역할를 맡은 것이 인연이 되어 잇사이와 네 살 연상인 고는 이후 형제처럼 친하게 지냈다. 1790년, 19세에는 번의 사적에 오르고 근시近侍, 측근신하가 되었다.

하지만 1792년 21세에 그가 바라던 대로 번의 사적에서 탈퇴를 하고, 오사카로 가 역학자인 하자마 다이교間大業의 집에 기숙하며 그의 소개로 오사카 주자학파의 태두인 나카이 지쿠잔中井竹山, 1719~1804년에게 가르침을 받았다. 그리고 교토로 가 유학자 미나가와 기엔皆川淇園을 만나 견문을 넓혔다.

잇사이의 면직과 사적 이탈 그리고 오사카로의 유학 등의 원인은 전적으로 '칸세이 이학의 금寬政異學の禁, 마츠다이라 사다노부가 1787년부터 1793년까지 시행한 칸세이 개혁 가운데 하나로 주자학 이외의 학문을 금지하는 명령'이 불러온 파문이었다. 그는 지쿠잔에게 입문하기 전부터 이미 양명학을 좇았다. 그렇기 때문에 화가 다른 곳으로 미칠까 두려워 스스로 사적 이탈을 청원했던 것이다. '칸세이 이학의 금'으로 궁지에 몰렸던 당시, 사토 잇사이에게 오사카 유학을 종용하여 구제한 이가 바로 고였다. 고의 권유를 받아들인 것은 둘 사이에 흐르

는 정의 깊이를 생각하면 자연스러운 일이었고, 그 이후에도 고와 잇사이의 두터운 신뢰의 정은 평생 동안 유지되었다.

사토 잇사이는 22세인 1793년 2월 에도로 돌아와 다이가쿠노가미大學頭, 막부의 최고 학문 기관인 쇼헤이코의 최고 책임자 하야시 간준林簡順의 문하에 들어간 뒤에야 비로소 관학주자학으로 입신을 하고자 결의하였다. 그렇다고 잇사이가 개인적 신념인 양명학을 포기한 것은 아니었다.

얼마 후인 그해 4월에 간준이 숨을 거두었다. 간준에게는 뒤를 이을 아들이 없었던 탓에, 막부는 명을 내려 마쓰다이라 노리모리의 셋째아들인 고 즉 마쓰다이라 노리후라松平乘衡가 하야시 집안林家, 막부 유관儒官의 가계의 대를 잇도록 하였다. 하야시 간준의 양자가 된 마쓰다이라 노리후라는 이름을 하야시 줏사이林迷齊, 조선통신사를 대마도에서부터 맞이하도록 한 인물로 고쳤다. 하야시 가문은 '조선 퇴계학의 충실한 소개자'였던 하야시 라잔林羅山, 1583-1657년을 시작으로 에도 막부의 주칸儒官, 막부의 공식 교육 기관 최고 책임자, 오늘날의 도쿄 국립대학 총장이 된 집안이다.

그리하여 하야시 줏사이와 친분이 두텁던 사토 잇사이도 쇼헤이자카가쿠몬조昌平坂學問所, 1790에 설립된 에도 막부의 교육 기관으로 정식 명칭은 가쿠몬조學問所였고 쇼헤이코로도 불림에 입문하였다. 이후 그의 나이 29세였던

1800년에는 히젠국肥前國, 나가사키현長崎縣의 초대를 받고 그곳에 가 경서를 강의하였다. 1805년 34세에는 주쿠초塾長, 숙생의 최고 책임자로서 하야시 줏사이와 함께 수많은 숙생들을 지도하였다. 1826년 55세 때에는 이와무라후巖村侯가 되어 노신의 반열에 오르고 번의 정사에 진력하기도 하였다.

이런 과정을 통해 유학의 대성자로 인정받은 사토 잇사이는 그의 나이 70세였던 1841년 7월 하야시 줏사이가 사망하자, 에도 막부의 명으로 그해 11월 쇼헤이코의 주칸이 되었다. 당시에 그의 학덕은 날로 높아져 세상의 태산북두로 불리며 경앙하지 않는 이가 없었다. 이 무렵 쇼군 도쿠가와 이에요시德川家慶에게 『역경』을 강의하였다. 또한 그를 초청해 강설을 청하는 다이묘들이 수십 명에 달했다. 게다가 국사도 다망하여 막부의 요구에 응해 시무책을 올리기도 하였고, 1854년 미일화친조약이 체결될 때에는 다이가쿠노가미 하야시 후쿠사이林復齊를 보좌해 외교문서를 작성하기도 하였다. 그의 저서로는 사본寫本으로 사토 잇사이가 살아 있을 적에 출판되어 대중들이 접할 수 있었던 『언지록』과 문집 『애일루문시愛日樓文詩』를 포함해 90여 권이다.

이렇게 장수를 한 사토 잇사이에 대해 1979년 고단샤講談社 판

『언지사록』을 전역해 50쇄 이상을 찍은 스테디셀러로 자리를 잡게 한 가와카미 마사미쓰川上正光 전 도쿄공대東京工大 학장은 사토 잇사이가 장수를 하였기에 『언지록』을 남길 수가 있었고, 그것은 "평생 공부가 남긴 은덕"이며, 그가 장수를 한 까닭을 공자가 『논어』「옹야」편 제21장에서 했던 다음 말로 대신하였다.

"지혜로운 사람은 물을 좋아하고 어진 사람은 산을 좋아하며 지혜로운 사람은 활동적이고 어진 사람은 정적이며, 지혜로운 사람은 즐겁게 살고 어진 사람은 장수한다知者樂水. 仁者樂山. 知者動, 仁者靜, 知者樂, 仁者壽."

마음 공부가 학문의 원점,
먼저 참다운 인간이 되고자 하는 뜻을 세워라!

다음으로 책 내용을 살펴보자. 『언지록』에는 '뜻志'이라는 말이 여러 차례 등장한다. 여기서 말하는 뜻은 과연 무엇일까? '입신출세'라든가 '입신공명' 혹은 '부자 아빠 되기' 등등, 세속적인 함의일까? 물론 뜻을 품고 한평생을 열심히 살다 보면 그 결과로서 입신출세를 하거나 부자 아빠가 되는 경우도 흔하겠다. 하지만 이 책이 말하는 '뜻志'의 본래 의미는 '마음心이 훌륭한 사람이 되고자 하는 의지意志'이다. 달리 말해 '존양存養, 양심을 잃지 않도록 착한 성품을 기름', 거경居敬, 늘 마음을 바르게 가져 덕성을 닦음, 함양과 체찰體察, 성찰 등등의 마음 공부로 인격적으로 품위가 있는 사람이 되고자 하는 뜻을 일컫는다.

『언지록』이라는 책 제목의 출전으로 생각되는 『논어』에서도, 자로가 공자에게 "선생님의 뜻을 듣고 싶습니다願聞子之志"라고 하자, 공자는 "노인들은 편안하게 해주고, 벗들은 신의를 갖도록 해주고, 젊은이들은 감싸 보살펴 주고자 한다"고 말하였다. 이처럼 『언지록』에서 '뜻'은 야망을 가져라, 대망을 품어라, 입신출세 하여라, 부자가 되어라 하는 풍으로 '명리와 금전 등에 관한 이기적 욕망'을 북돋는 말을 가리키는 게 아니라, '인간이라면 누구나 마땅히 몸소 실천해 이루어야만 하는 목표·목적·결심' 등을 가리킨다. 기독교적으로 말하면 '사랑과 헌신'일 것이고 불교적으로 말하면 '자비와 해탈'일 것이며, 유교적 수신서인 『언지록』은 당연히 인의예지仁義禮智라든가, 덕德, 경敬, 성誠, 충忠, 효孝, 신信, 서恕, 격물치지格物致知 등등을 가리킨다.

그래서 『언지록』에서 가장 출전이 많은 것이 사서四書에서는

『논어』, 『맹자』, 『중용』, 『대학』 순이고, 오경五經에서는 『역경』, 『서경』, 『시경』, 『예기』 순이다. 이밖에 병가와 도가의 책들도 거론되는 등 제자백가의 설이 모두 인용되고 있다. 저자의 학문 세계는 유학을 주로 하고 그밖에 제자백가의 학설에까지 미치고 있으니 그 학식이 실로 넓고 깊다고 할 수 있다. 전체를 통틀어 가장 많이 인용된 동양 고전은 『논어』이고 그 다음으로 『맹자』, 『역경』, 『서경』, 『중용』 등이다. 또한 『역경』에 정통하여, 이 책의 곳곳에서 역리로 사람의 처세에 관한 지혜를 깨닫게 해준다.

특히 저자는 '양주음왕陽朱陰王, 양명학陽明學을 신봉하면서 표면적으로 주자학자인 척함' 입장을 취하고 있기 때문에 『언지록』은 지행합일 즉 '앎과 행동은 함께 굴러가는 두 바퀴'라는 것을 특히나 강조하는 왕양명의 학문과 사상에 관한 내용이 적지 않다. 위에서 열거한 고전 외에 송·원·명·청 시대의 유학과 중국사, 게다가 일본의 유학 등도 언급하며 활용하고 있다. 그러므로 『언지록』은 짧은 잠언 형식으로 쓴 동양의 거의 모든 사상사에 대한 수상록이자 명상록 그리고 주석집이라고 해도 무방하다.

메이지 유신의 사상적 원동력이 된
수신, 제가, 치국, 평천하에 관한 명상록

사토 잇사이가 쇼헤이쿄 총장으로 취임한 것은 그의 나이 70세 였던 1841년이다. 그리고 18년간, 즉 메이지 유신이 일어난 9년 전인 1859년에 서거를 할 때까지 6천 명에 이르는 제자들을 길러냈다. 앞서 말했다시피 그는 주자학과 양명학을 모두 수용하며 주자학을 강의하면서도 양명학을 신봉하였기에 그의 문하에서는 주자학자와 양명학자가 모두 배출되었다. 가령 주자학자로 유명한 사람은 안사카 곤사이安積艮齋, 오하시 도쓰안大橋訥庵이고, 양명학자로 유명한 사람은 사쿠마 쇼잔佐久間象山, 이케다 소안池田草庵, 야마다 호코쿠山田方谷, 요시무라 슈요吉村秋陽, 히가시 다쿠샤東澤瀉 등이다.

오하시 도쓰안은 그의 제자 중에서 양명학을 처음으로 신봉한 학자지만 나중에 주자학으로 전환했고, 나카무라 마사나오中村正直는 『서양입지편西洋立志編』를 써 수많은 사람들을 계몽한 걸로 유명하다. 특히 막말 일본의 선각자로 일컬어지는 양명학자 사쿠마 쇼잔의 문하에서는 가쓰 가이슈勝海舟, 사카모토 료마坂本龍馬, 요시다 쇼인吉田松陰, 고바야시 도라사부로小林虎三郎 등 다수의 메이지 지사가 배출되었다. 이후 요시다 쇼인의 문하에서는 다카스기 신사쿠高杉晋作, 구사카 겐즈이久坂孝端, 기도 다카요시木戶孝允, 이토 히로부미伊藤博文 등이 배출되며 메이지 유신의 지사 그룹을 형성하게 되었다.

한편 사토 잇사이에게서 직접 배우지는 않았지만 사이고 다카모리西郷隆盛, 1828~1877년는 잇사이의 학문에 경도되었다. 그가 물에 뛰어들며 자살을 기도하고 유배를 떠났던 불우한 시기에 그의 역경을 이겨내게 했던 책이 바로『언지록』이었다. 사이고 다카모리는『언지록』에서 28조,『언지후록』에서 20조,『언지만록』에서 29조,『언지질록』에서 24조를 각각 뽑아내 총 101조를 따로 초록해 금과옥조의 좌우명으로 삼았다. 난슈南洲. 사이고 다카모리의 호가『언지록』으로부터 받은 영향이 너무나 커, 필시 메이지 유신의 원동력이 되었을 것이라고 평가하는 게 일반적이다. 일본의 정치가 아키스키 다네타쓰秋月種樹, 1833~1904년는 메이지 21년1888년에『난슈수초언지록南洲手抄言志錄』101조를 간행하였다. 덧붙여 말하면 사토 잇사이가 55세일 때 사이고 다카모리가 태어났고, 잇사이가 타계할 때 사이고 다카모리는 33세로 둘은 조부와 손자뻘 되는 나이차를 두고 있다.

그렇다고『언지록』을 난슈만 애독한 게 아니다. 에도 막부를 무너뜨리고 새로운 메이지 정부를 세우려던 수많은 도막파倒幕派 메이지 지사들이 열독하였다. 따라서 가와카미 마사미쓰川上正光 전 도쿄공대 학장은 "사토 잇사이는 직간접적으로 메이지 유신의 원동력이 되었다고 해도 과언은 아닐 것"이라고 말했다. 에도 막말과 메이지 유신에 관계된 인물들을 얘기하다 보면 자연스레 사토 잇사이가 언급될 수밖에 없는 노릇인 것이다. 메이지 유신은 잇사이가 죽은 지 9년 후에 일어났지만 잇사이는 이미 서서히 다가오는 서양 문명이라는 파도를 민감하게 받아들이고 있었다. 또한 주자학에서 말하는 사물의 이치에 대한 탐구 방법은 서양의 근대 과학 이론을 당해내지 못한 것이라는 점도 잘 알고 있었다.

현대 일본의 정치경제 지도자들이 필독하는
리더십의 바이블

그럼 막부를 지지했던 인물들은 『언지록』을 애독하지 않은 것일까? 결코 아니다. 또한 메이지 유신 이후에도 지금까지 수많은 일본인들이 읽어오고 있다. 가령 1978년에 수상에 오른

오히라 마사요시大平正芳는 "자신의 뜻을 높이 세우고 지도자로서의 마음가짐을 공부하는 데는『언지록』이 최고"라는 평을 내렸다. 최근에는 고이즈미 준이치로小泉純一郎 전 총리가 일본 각료들에게 필독을 요구한 걸로 유명하다.

이렇듯『언지록』이 시대를 초월해 읽혀지고 있는 까닭에 대해, 사이토 다카시齋藤孝 메이지대학 문학부 교수는 "사토 잇사이의 말에 보편타당성이 있기" 때문이라고 평가하였다.

조직의 리더로서 수많은 부하들을 지도하는 입장이 되면 막무가내마냥 제멋대로 처신할 수가 없다. 부하를 납득시키며 지도하는 것은 그 나름의 리더학을 갖추기 전에 수기치인修己治人이 필요하다. 우선은 자신의 인품을 쌓아야 부하들을 감화시킬 수 있다. 인격을 완성하는 인간학이 절실한 게 리더의 조건이다. 공경의 마음을 지니고 부하를 대하고, 오만은 적을 만들 뿐 자신을 파멸시키는 첩경이라고 역설하는『언지록』은 이러한 리더의 조건이 무엇인지를 여러 가지 측면에서 가르쳐 주고 있다.

가령『언지록』을 보자.

"재앙은 위로부터 싹튼다(102조)."
"자연현상도 크나큰 정치다(171조)."

『언지만록』에서는 이렇게 썼다.

　"지도자는 유비무환의 정신을 잊지 말아야 한다(113조)"
　"지도자의 솔선수범이 왕도다(115조)"

　이렇듯 사토 잇사이의 말에는 시대를 뛰어넘는 보편적 울림
이 있기에 오늘날까지 '불멸의 리더학'으로 사랑을 받고 있다.
사이토 다카시 교수가 최근에 『언지록』을 경제경영과 기업 조
직론적 관점에서 리라이팅한 『최강의 인생지침서最强の人生指南書』
가 베스트셀러가 될 수가 있고, '어린이를 위한 언지록' 등등
'언지록'에서 파생한 수많은 책들이 끊임없이 나오는 까닭일 터
이다.

정치인, 비즈니스맨, 교육가, 군인, 학생······
만인의 수기치인을 위한 좌우명의 향연

　"동양의 도덕과 서양의 예藝·기술가 일치해야 한다"고 말한 이
는 사토 잇사이의 제자인 사쿠마 쇼잔이다. 이는 학문에는 도道

와 예藝가 있다는 말인즉, 도는 자신의 마음을 수련해 얻는 '사람 됨됨이인격'이고 예는 먹고 사는 데 필요한 '생존의 기술'을 뜻한다. 도는 철학·사상·문학으로 인간과 인생을 탐구하게 하는 학문이고, 예는 법률·의학·과학 등 지식을 파는 학문이라고 할 수 있다. 이 두 가지가 양립하는 게 본래의 학문이었고 이 두 가지를 병행해 가르치는 게 이른바 전인교육이다.

에도 시대 유학자 미우라 바이엔三浦梅園은 "지식은 그것을 배우는 자의 마음에 동화가 되고 또한 그 사람의 인격에 반영되어 나타나야 참된 지식이다"라고 말하였다. 하지만 현대는 갈수록 물질만능주의에 젖어 과학적 효율성이 중시되고 있는 차에 승자독식주의와 경쟁제일주의, 1등만 기억하는 '성적순 줄 세우기'가 판을 치며, 머리로만 달달 외우고 스펙 쌓기 수단으로 전락한 생존의 기술로서의 지식만을 배울 뿐 마음인격을 닦는 배움은 내팽개쳐버린 실정이다. 이렇게 취업의 편리를 위해 기술의 학문만을 배우며, 인덕을 닦는 도의 학문은 잃어버린 채 시험을 위한 지식 편중 교육이 난무하기에, 청소년 문제나 반인륜적 범죄가 잊을 만하면 뉴스 헤드라인을 장식하는 것은 어쩌면 당연한 자충수일지 모른다. 퇴계 이황의 『자성록』이나 『언지록』이 공히 중요시하는 공부론인 인성 교육 즉 '인간의 마음을 닦는 학문學育'이 완전히 사라져버린 탓에 매스미디어에는 연일 비인간적인 사건이 보도되고, 최고 지도층은 공공연하게 사리사욕을 채우기 위한 부정과 불공정을 저지르며 사회적 리더로서 갖추어야 할 노블레스 오블리주를 상실해 버린 것이다.

사실 공자의 『논어』가 2500년의 세월을 뛰어넘어 오랫동안 널리 사랑을 받고 있는 까닭은 정보가 아니기 때문이다. 정보는 시시각각 변화한다. 하지만 『논어』에 나오는 말은 사람이 사람으로서의 가치를 지니기 위해 평생을 거쳐 몸소 실천해야만 하는 덕목을 가르쳐주고, 또한 단순히 지식 차원이 아니라 인간의 본질이 무엇인가를 가르쳐주며 인생의 지혜를 주는 책이기 때문에 후세에 전해지고 잠언으로 널리, 그리고 영원히 사랑을 받고 있는 것이다. 자신의 마음가짐을 수양하게 해주는 인생의 나침반 즉 인간성의 기둥이 『논어』에 오롯이 세워져 있기에 가능한 일이다. 『논어』는 단순히 정보가 아니라 인간의 본질이기에 현대의 개인주의의 병폐를 치유하는 책으로 아직도 널리 읽히며 동양 최고最古의 스테디셀러로 각광을 받고 있는 셈이다.

그렇지만 여전히 서양의 개인주의 사상 등이 물밀듯 들어오고 경제개발을 인해 전통적인 공동체가 무너지면서 동양적인 '논어儒敎 도덕관념'은 회복되지 않고 있다. 물론 서양의 민주주

주의 사상이나 개인주의가 나쁘지만은 않지만, 무엇을 인간성의 기둥으로 삼아야 좋을지에 대한 확실한 청사진은 제시하지 못한 채 가치관의 혼란만을 가중시켰던 것 또한 부인할 수가 없는 게 사실이다. 최근에는 부의 양극화와 경제 위기마저 더해져 수많은 사람이 자신의 마음을 자신이 조절할 수 없는 지경에 처하기도 하였다. 이는 기술만능주의에 따른 도덕의 추락과 인간성의 상실과 맞물려 있다.

사토 잇사이는 『논어』가 사람들의 심금을 울리는 원동력은 그것이 잠언으로서 생명력을 갖고 있기 때문이라는 걸 알았다. 때문에 그 역시도 『논어』처럼 영원불멸한 잠언을 남기기 위해 동양의 지혜가 축적된, 즉 생사·우주·정치·충효·학문·인생·인간·문학·도덕·치세·경영·수양·교육·직업·대인관계·리더의 조건 등등 세상을 살아가는 데 필요한 원리원칙과 인생의 지침이 가득한 『언지록』을 저술하였을 것이다.

굳이 『언지록』의 요점을 간단히 정리하면 네 가지로 간추릴 수가 있을 것이다. 첫째 인간의 가치는 '남을 위해 어느 정도 사는가!'에 달려 있다. 둘째 지위와 명예 그리고 외관상의 성공에 휘둘려서는 안 된다. 셋째 남을 따스하게 대해주는 정情과 배려하는 서恕 그리고 '가진 자의 사회적 의무'가 우주만물을 하나로 만드는 '사회통합의 주춧돌'이다. 넷째 그 무슨 일이든지 사람을 상대로 하지 말고, 하늘을 상대로 하라.

인간은 환경에 의해 변화를 하기도 하지만 그 환경을 좋은 쪽으로 바꾸기도 한다. 그것은 뜻志을 지닌 인간이기에 가능하다. 뜻이 있는 사람은 스스로의 운명을 개척하고, 훌륭한 스승과 친구를 찾아 은혜를 입고, 그리고 공부하며 한번밖에 없는 인생을 의식적으로 창조할 줄 안다. 인생을 좋게 하는 것도 나쁘게 하는 것도 모두 이 '뜻' 나름이라는 것을 『언지록』은 충분히 가르쳐주고 있다.

가령 『언지록』 제33조에서는 "뜻이 있는 사람은 예리한 칼날과 같아 사악한 것들이 꽁무니를 뺀다. 뜻이 없는 사람은 둔한 칼과 같아 어린 아이들도 업신여기고 깔본다"라고 하였다. 이는 함석헌 선생이 50여 년 전 『사상계』에서 "뜻이 있으면 사람, 뜻이 없으면 사람 아니다. 뜻 깨달으면 얼, 못 깨달으면 흙, 전쟁을 치르고도 뜻도 모르면 개요 돼지다"라고 하며 늘 강조하던 그 "뜻이 있는 백성이라야 산다"라는 잠언을 떠오르게 한다.

정리하건대 에도 시대 한학자 중에서 가장 문장이 뛰어났다는 평가를 듣는 사토 잇사이가 인격과 학문이 원숙한 후반기 인생 40년 동안에 걸쳐 쓴 전체 1133조의 『언지록』은 수필풍으로 자신의 사상을 짧게 기술하였지만 동양적이고도 남성적인 아포리즘의 절창으로, 만인의 수기치인을 위한 좌우명의 향연으로 불리기에 손색이 없다.

불혹의 문장들

1판 1쇄 발행 2013년 4월 25일

지은이 | 사토 잇사이
옮긴이 | 노만수
디자인 | 최진규
펴낸이 | 조영남
펴낸곳 | 알렙

출판등록 | 2009년 11월 19일 제313-2010-132호
주소 | 서울시 마포구 합정동 373-4 성지빌딩 615호
전자우편 | alephbook@naver.com
전화 | 02-325-2015
팩스 | 02-325-2016

ISBN 978-89-97779-25-3   03320